从"幼"生活
到"小"时代的
自然过渡

汕头市龙湖区幼小衔接教育成果集

李岱玲◎主编

SPM
南方传媒

广东人民出版社

·广州·

图书在版编目（CIP）数据

从"幼"生活到"小"时代的自然过渡：汕头市龙
湖区幼小衔接教育成果集 / 李岱玲主编. -- 广州：广
东人民出版社，2025. 8. -- ISBN 978-7-218-18433-3

Ⅰ. G61

中国国家版本馆CIP数据核字第2025PY8462号

CONG "YOU" SHENGHUO DAO "XIAO" SHIDAI DE ZIRAN GUODU : SHANTOU SHI LONGHU QU YOUXIAO XIANJIE JIAOYU CHENGGUO JI
从"幼"生活到"小"时代的自然过渡：汕头市龙湖区幼小衔接教育成果集

李岱玲 主编　　　　　　　　　　　　　　　　　　　　版权所有　翻印必究

出 版 人：肖风华

责任编辑：李　敏　温玲玲
装帧设计：仙　境　刘焕文
责任技编：吴彦斌　马　健

出版发行：广东人民出版社
地　　址：广州市越秀区大沙头四马路10号（邮政编码：510199）
电　　话：（020）85716809（总编室）
传　　真：（020）83289585
网　　址：https://www.gdpph.com
印　　刷：广州市豪威彩色印务有限公司
开　　本：787毫米×1092毫米　1/16
印　　张：20　　字　　数：288千
版　　次：2025年8月第1版
印　　次：2025年8月第1次印刷
定　　价：88.00元

本书编委会

序言

让幼小衔接教育
成为儿童成长过程中的诗意篇章

在国家教育现代化的宏伟蓝图中，《中国教育现代化2035》为我们描绘了一个全面、协调、可持续的教育发展愿景。《教育部关于大力推进幼儿园与小学科学衔接的指导意见》则将幼小衔接教育的重要性提升到了前所未有的高度，为幼小衔接工作提供了政策依据，指明了方向。站在国家政策的肩膀上，我们深知，幼小衔接不仅是教育链条中的关键一环，更是儿童成长历程中的重要里程碑。

人生百年，立于幼学。幼小衔接如同一座桥梁，连接着孩子们的幼儿园生活与小学时光，它关乎儿童从幼儿园到小学的平稳过渡，关乎儿童健全人格的发展，关乎儿童未来学习与生活的整体质量。德国的哈克教授根据研究指出，从幼儿园到小学衔接阶段的儿童往往存在并经历着诸如"关系人的断层""学习方式的断层""行为规范的断层""社会结构的断层""期望水平的断层""学习环境的断层"等六个方面的"断层问题"。因而，要如何帮助我们的孩子面对与解决这些问题，充分做好入学准备与入学适应，是所有教育工作者、家庭、社会都必须共同面对和解决的课题。

2021年，我们紧抓广东省学前教育高质量发展实验区（汕头龙湖）幼儿园与小学科学衔接项目的申报契机，建立了项目组，开启了幼小衔接教育区域推进的系统研究。三年来，在龙湖区幼小衔接教育实践的基础上，我们梳理凝练了成果，而今结集出版。它记录了龙湖区幼小衔接教育的探索与实践，也展示了我们在幼小衔接教育改革中的立场与决心。

本书第一章为此项目的简介，为读者介绍了项目的基本情况、建设基础、目标等；第二章为项目实施方案，让读者对项目顶层设计等有一个宏观的了解，也展示项目实施的具体路径和方法；第三章与第四章分别为入学准备教育案例与入学适应教育案例，聚焦于幼儿园的入学准备教育阶段与小学的入学适应教育阶段，展示幼小衔接教育的实践经验与成果；第五章为幼小衔接联合教研，介绍区域幼小衔接联合教研制度的建立、实施案例与项目组联合教研形成的成果《汕头市龙湖区幼小衔接课程指引》，强调教研在幼小衔接中的核心作用，展示如何通过教研活动促进教育质量的提升；第六章为幼小衔接合作共育案例，展示家校社合作共育的案例，强调多方合作在幼小衔接中的重要性。第七章为教师与家长教育随笔，收录了部分教师和家长的教育随笔，分享其感想和体会，使读者能够从不同角度理解幼小衔接教育工作的实践。我们尽可能地将研究的经验与成果多维度、多方面地呈现，希望能够给予教师、教研员、家长等一定的启发。

本书的完成，也标志着龙湖区幼小衔接教育工作的一个新起点。我们希望能够激发更多人对幼小衔接教育的关注和思考，共同为儿童的健康成长营造更加良好的环境。同时，我们也期待与更多的教育同行交流合作，共同探索幼小衔接教育的新路径，为儿童的未来发展奠定坚实的基础。

幼小衔接教育，作为个体教育旅程的初步篇章，我们努力使这一篇章更具诗意，使这段经历更加温馨且美好。未来，我们将继续努力，不断探索和实践，为幼小衔接教育事业贡献更多的智慧和力量。让我们携手同行，共同见证孩子们从"幼"生活到"小"时代的自然过渡，为他们的未来撑起一片蓝天。

李岱玲

2024年3月

目录

第一章

幼小衔接项目简介

幼小衔接教育对儿童的全面发展具有关键性的作用，但是现实生活中还存在对幼小衔接的误解，甚至部分教育机构成为读写"地下站"，因此龙湖区针对幼小衔接成立专门实验区，探究更高效、更科学的幼小衔接区域协作模式。

第一节　实验区建设背景

一、实验区基本情况及建设基础

近年来，龙湖区坚持把学前教育放在教育优先发展的战略地位，把发展学前教育作为教育改革发展的重点领域，在体制机制创新、政策措施完善等方面不断推陈出新，发展突破，提高科学保教质量。同时加快推进教育体制机制创新，着力破解学前教育改革发展难题，进一步完善覆盖城乡的学前教育公共服务体系，初步打造出具有一定的推广价值和借鉴意义的学前教育改革发展"龙湖样本"。

发挥政府主导作用。通过实施学前教育发展三期行动计划、建立学前教育联席会议制度等，以新理念引领学前教育发展；加大财政投入力度，通过完善经费保障机制和实施在园幼儿普惠性学费补助等措施，刚性保障学前教育发展；推动系列政策法规落地，落实住宅小区配套幼儿园建设、开展城镇小区配套幼儿园专项治理，实现"5080"工程目标；完善常态化监管机制，加强对各类幼儿园日常监管，严格落实普惠性民办幼儿园认定标准等，全面规范办园行为。

强化质量立园意识。引导幼儿园科学开展保教工作，推进课程体系建设和创新，深入开展"小学化"专项治理工作；组建幼教集团，推进实体化改革，整合优质教育资源，带动全区园所优质发展，集团改革发展典型案例《汕头经济特区中心幼儿园幼教集团在创拓优质均衡中前行》获评2020年度全国基础教育优秀工作案例，为全省唯一一个学前教育获奖案例；狠抓幼儿园师资培训，补强幼教发展短板；启动"童心同梦"汕港幼教交流合作项目，搭建汕港幼教交流合作平台，项目被列为粤港澳大湾区青少年重点交流项目，产生了良好的品牌效应。

二、试点园（校）基本情况

试点园所涵盖公办园、普惠性民办园、非普惠性民办园等不同性质的园所，省一级幼儿园占50%，分别为汕头经济特区中心幼儿园、汕头市龙湖区丹霞幼儿园、汕头经济特区幼儿园、汕头市龙湖区童心同梦幼儿园、汕头市龙湖区正雅幼儿园、汕头市龙湖区长江幼儿园。试点校均为公办小学，分别为汕头市龙湖区金阳小学、汕头市龙湖区金珠小学、汕头市龙湖区丹霞小学、汕头市华侨试验区金湾学校（小学部）、汕头市龙湖区香阳学校（小学部）、汕头市龙湖区龙湖小学。

第二节　实验区建设目标和任务

一、项目开展的目标

全面推进区幼儿园和小学实施入学准备和入学适应教育，减缓衔接坡度，为儿童搭建从幼儿园到小学顺利过渡的阶梯；幼儿园教师、小学教师及家长的教育观念与教育行为明显转变，校外培训机构规范有序发展，幼小协同的有效机制基本建立，科学衔接的教育生态基本形成。

二、项目开展的重点任务

1. 强化幼小衔接意识，建立幼小协同合作机制。以儿童为本推动双向深度衔接，将幼小衔接渗透于整个学前教育和小学低年级阶段。

2. 建立健全行政、教科研、教育机构和家长统筹联动工作机制。遵循幼小衔接的整体性、多向性和动态性特征，整合多方资源，推动幼小科学有效衔接。

3. 建立动态监管机制。规范校（园）及校外培训机构的教育教学行为，合理做好入学准备和入学适应，做好科学衔接。

三、项目拟突破的难点任务

1. 区域内小学与幼儿园教研制度相对独立，两级教师联合教研的经验较少，幼小衔接的循证实践研究缺乏。拟通过项目推进，研制出台《龙湖区各级教研部门联合教研制度》，建立区各级教研部门教研共同体，促进幼小教研一体化，共同进行幼儿园与小学科学衔接的循证实践。

2. 家园校共育机制不够完善，部分家长对幼小衔接的认识较为片面，缺乏专业性指导。拟通过项目的研究，相关教育行政部门、教研部门加大社会宣传力度，利用多种媒体宣传科学做好幼小衔接的重要意义及时总结推广典型案例和经验做法，正确引导社会舆论导向；各幼儿园及小学充分利用家长会、亲子活动、家长开放日等加强宣传科学的育儿观念，引导家长自觉抵制违背儿童身心发展规律的行为，支持和参与幼小衔接工作，家园校形成教育合力。

第三节 实验区建设成果

一、构建了龙湖区幼小衔接"三联"工作机制

区委、区政府加强领导，区教育局加强统筹部署，区教师发展中心组建项目教研组，联合试点园校，构建区域幼小衔接"三联"工作机制，形成教育行政部门支持、教研部门专业指导、幼儿园和小学实施的立体合作网络，推进幼小衔接实践的顶层设计。

1. 整体规划部署，构建联通工作机制

区教师发展中心为结对园校各安排一名项目教研组教研员作为幼小衔接工作的联络指导员，教研员向试点园（校）的园（校）长传达上级有关工作精神，负责对接支持幼儿园与小学两个平行单位。试点园（校）的园（校）长统筹本园（校）幼小衔接教育整体工作；分管教学的副园（校）长、中层干部、教师层层落实试点方案举措。由此组建教研队伍，打破试点园校沟通壁垒，建立联合教研和学习互动共同体，构建上下贯通、左右联动的联通工作机制，确保区教师发展中心、试点园校之间信息畅通，工作衔接。

2. 加强学段统筹，构建联合教研机制

区教师发展中心把幼小衔接作为教研工作的重要内容纳入年度、学期教研计划，教研员深入园（校），通过调研确定每月研究专题。园（校）在此基础上明确每学期联合教研活动的制度与方案。教师发展中心、园、校形成教研共同体，丰富现场教研、专题教研等教研形

式，教研成果通过主题沙龙等形式加以辐射应用。一个阶段以来，通过主题教研、观摩彼此课堂等形式，深化了幼小教师交流，幼儿园大班和小学低年级教师彼此交换位置，深入对方工作环境，在深化课堂互动中达成观念共识，推进幼小衔接课程研究，形成教师"互动—互换"模式与课程"对话—合作"格局。

3. 盘活多方资源，构建联动共育机制

通过盘活多方资源，凝聚行政部门、教研部门、家长等多方力量，提升区域幼小衔接长效机制效应。

一是区教育局推进幼小科学衔接攻坚行动，开展校外培训机构专项治理行动，全面规范区域办学行为。

二是区教师发展中心落实"双导三教"制度。通过集体视导与个体视导，促进"三教"改革（教学设计、课堂教学、教学反思），坚持一线原则，每周安排两次下校（园）视导。幼儿园方面，依托区域学前教育共同体的带动，覆盖全区幼儿园；三年来，对全区六大教研片96所民办园开展幼小衔接教育工作调研，有效促进区域民办园幼小衔接教育工作的提升。小学方面，依托七大教育集团，围绕一线幼小衔接工作开展诊断督导，促进各小学优化幼小衔接工作。

三是开展幼小衔接专项培训。邀请幼教专家为幼儿园及小学低年级教师做相关指导，更新教师教育观念，传递先进的幼小衔接经验。

四是开展幼小衔接主题沙龙。通过专家讲座，校长、园长与教师座谈，家长参与课堂观摩等形式，落实以人为本的理念，及时消除家长的困惑，帮助家长塑造理性的幼小衔接教育心态，打造"对话式"文化。

五是幼儿园大班幼儿与小学低年级儿童互访联谊。小学一、二年级的儿童入园解答大班幼儿关于小学生活的疑问，大班幼儿进入小学体验课堂，更为直观、深刻地了解小学生活。

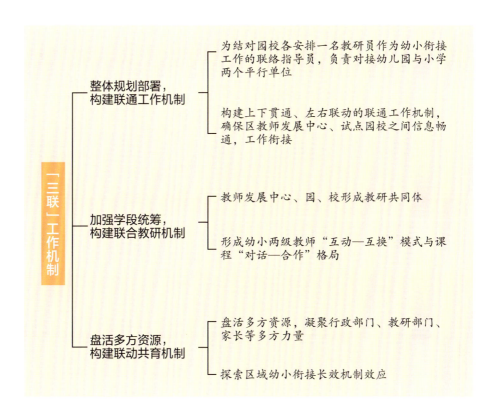

二、梳理出幼小衔接区域推进的有效路径与策略

通过三年的探索实践，龙湖区以优化教研路径为突破口，以项目试点园校为重点研究基地，示范辐射带动八大城乡学前教育共同体、七个小学教育集团，将研究经验与成果进行阶段性的全区、全市展示，辐射推广有效经验。

1. 优化教研路径，深化研究内涵

一是周密规划，完善区幼小衔接教研工作链。树立起区域幼小衔接工作"一盘棋"的系统教研理念，整体盘活优质教研资源，构建"区教师发展中心—项目教研组—教育集团—园（校）教研组"的开放互动、环环相扣、高效协同的四位一体区域教研工作链。以四位一体为框架，以合作共进为原则，形成优势互补的良好局面，共建区域新型教研机制。

二是方式创新，构建"学习共同体"的教研模式。倡导幼儿园教师与小学教师间平等、互助、共享的合作精神，构建"学习共同体"的教研模式。创新性以幼小衔接工作联络指导员统筹对接，定期组织幼小联合教研活动，通过观摩彼此课堂、开展主题教研会等，推动幼小协同发展。

三是紧抓关键，强化区域教师专业培训。注重研训一体化，以"面向全体、品质引领、乡村优先、关注新教师"为基本思路，按照"新任教师—合格教师—骨干教师—名优教师—专家教师"五阶进行教师队伍培养，构建区域教师专业发展机制，为教师的专业成长提供有力支持。通过线上线下相结合的方式，组织教师参加幼小衔接专题培训、研讨会等活动，让两级教师了解幼小衔接的重要性、任务和要求，提升衔接意识。通过开展教师技能竞赛、教学展示等活动，以研促教，提升教师的专业素养。

2. 注重试点先行，强化示范引领

试点园校坚守儿童立场，联合教研，分别以"幼儿园入学准备教育"和"小学入学适应教育"为研究重点，共同研究制定幼小衔接课程教学计划，确保幼儿园和小学课程的有效衔接，避免重复和断层，促进幼儿全面发展。

一是试点园在"积极准备"中凝聚推力。幼儿园树立"三年全程衔接、大班重点衔接、大班下学期关键衔接"的理念，构建幼小衔接园本课程，开展以游戏化、体验式、探究式为主的系列活动，开展幼小衔接专题家长会，加强家园共育工作，实施有针对性的入学准备教育。

二是试点校在"主动适应"中形成拉力。小学结合"新课标""双减"等政策要求，设置幼小衔接适应期，创设包容和支持性的环境，关注个体差异，调整一年级的课程教学及管理方式，设置如棋类、武术、科创、手工、心理等过渡性活动课程，开展优化作业设计研究，通过游考乐考等方式改进学生评价，加强家校共育工作，积极探索实施入学适应教育。

同时，试点园校联合开展幼小衔接综合活动，通过参观学校、体验课堂、研学之旅、运动会、互访联谊等多种途径，增强幼儿园大班幼儿对小学生活的理解和期待，同时帮助小学低年级学生更好地适应小学生活，建立起更加和谐的幼小衔接环境。

3. 全域稳步推进，达成衔接共识

一是搭建共建共享平台。借助现代信息技术手段，推动优质教育资源的共享。通过完善龙湖教研管理平台、"童心同梦"云平台等教育资源共享平台建设，整合幼小衔接教育资源，推动优质课程、教学方法、教育管理等经验的共建共享。

二是构建全域推广模式。2023年，我区探索在汕头经济特区中心幼儿园幼教集团的框架下，结合区域学前教育工作实际，按照相对就近原则，因地制宜将全区各类幼儿园全部纳入共同体发展，积极探索构建"1+1+N"城乡学前教育共同体模式，即由幼教集团中八所优质公办园分别带动辐射各个涉农区域，以每个涉农区域一所中心幼儿园为支撑点，所在区域其他幼儿园参与共建，形成八个城乡学前教育共同体。在完善区域"项目教研组—教育集团—城乡学前教育共同体—幼儿园"四级教研网络基础上，探索逐级指导，实现全区域幼儿园整体覆盖、城乡紧密联系、共建共享的区域幼儿园幼小衔接工作提升路径；小学方面，则优化"项目教研组—学科中心组—教育集团—学校"四位一体教研网络，依托七个教育集团进行有益经验的辐射推广，逐步实现实验区幼儿园与小学全覆盖，努力朝着更加高质量的幼小衔接教育迈进。

三、形成一系列实践成果

本项目在实践过程中，逐步形成了区域推进幼儿园与小学科学衔接的项目资源包，能够为其他地区推进幼小衔接工作提供一定的借鉴与参考。

一是部署实施《汕头市龙湖区幼儿园与小学科学衔接攻坚行动实施方案》，研制出台实验区建设成果集《从"幼"生活到"小"时代的自然过渡：汕头市龙湖区幼小衔接教育成果集》《龙湖区各级教研部门联合教研制度》；二是梳理凝练出《汕头市龙湖区幼小衔接课程指引》等相关成果；三是形成幼儿园与小学科学衔接的系列典型案例；四是形成五个幼小衔接专题沙龙视频资源；五是录制了二十多节入学准备与入学适应教育有关活动课例；六是试点园校形成了一系列丰富的成果集。

第四节　实验区项目建设整体成效分析

项目已取得显著成效，较好达成建设目标。一是构建了"三联"工作机制，推动区域幼小衔接教研模式与方式创新；二是试点园校示范先行，其成熟有效的经验已在全区全域辐射推广；三是梳理凝练出《汕头市龙湖区幼小衔接课程指引》等相关成果，社会积极影响逐步扩大——成功举办项目阶段性成果展示活动，区域幼儿园教师、小学教师及家长的教育观念与行为明显转变，校外培训机构规范有序发展，基本建立幼小协同有效机制，形成多方联动、螺旋式上升的良性发展态势，帮助儿童实现从"幼"生活到"小"时代的自然平稳过渡，基本形成科学衔接的教育生态。

一、科学的顶层设计为项目建设提供了正确方向

为了确保项目顺利推进并取得预期成果，龙湖区委、区政府和教育部门制定了一系列政策措施，为项目建设提供了强有力的支持。首先，区委、区政府明确提出了幼小衔接工作的目标和任务，将幼小衔接纳入教育发展规划，确保了项目的战略地位。其次，教育部门出台了《汕头市龙湖区幼儿园与小学科学衔接攻坚行动实施方案》，详细规划了项目的实施路径和时间表，为项目的有序开展提供了指导。此外，教育部门还建立了幼小衔接工作联席会议制度，定期召开会议，研究解决项目推进中的困难和问题，确保项目顺利推进。这些政策措施为项目开展注入了强劲动力，为项目的成功实施提供了有力保障。

二、广泛的合作机制为项目推进汇聚了各方智慧

在项目实施过程中，实验区建立了广泛的合作机制。首先，教育局与教师发展中心紧密合作，常态化监管机制，加强对各类幼儿园的日常监管；优化区域教研路径，创新性为结对园校各安排一名项目教研组教研员作为幼小衔接工作联络指导员，打破园校沟通壁垒。其次，教育局还与小学、幼儿园、家长和社区进行了深入沟通和合作，共同研究和制定幼小衔接的具体实施方案。广泛的合作机制汇聚了各方的智慧和力量，为项目的推进提供了有力支持。

三、有力的推进策略为项目开展注入了强劲动力

在项目建设过程中，龙湖区注重实践探索与理论研究相结合，不断总结提炼实践经验，形成了一系列科学的幼小衔接教育模式。例如，通过试点园校的先行先试，探索出了"幼儿园入学准备教育"和"小学入学适应教育"的有效衔接模式；通过搭建共建共享平台，推动了优质教育资源的共享；通过构建全域推广模式，实现了幼小衔接经验的辐射推广；注重教师专业发展，通过线上线下相结合的方式组织教师参加幼小衔接专题培训、研讨会等活动，提升了教师的衔接意识，有效提升了教师队伍的整体素质。这些推进策略的实施，有效促进了幼小衔接工作的良性发展态势的形成。

第五节　实验区项目研究展望

龙湖区幼儿园与小学科学衔接项目在科学的顶层设计、广泛的合作机制和有力的推进策略下取得了良好成效。项目的推进汇聚了各方智慧和力量，形成了丰富的研究成果，为项目的推广提供了有力支撑。未来，我区将继续深化幼小衔接工作研究和实践探索，不断完善和优化幼小衔接工作机制和政策措施，推动区域幼小衔接工作取得更加显著的成效，形成更大的影响力。同时，将抓紧梳理有益经验与资源，结集出版，积极与其他地区分享和交流幼小衔接工作的有益经验和做法，为推进广东省学前教育高质量发展做出更大的贡献。

第二章

幼小衔接实施方案

第一节 实施方案

为贯彻落实教育部《关于大力推进幼儿园与小学科学衔接的指导意见》和《广东省推进幼儿园与小学科学衔接攻坚行动方案》要求，汕头市龙湖区部署实施幼小衔接攻坚行动计划，建立区域幼儿园与小学科学衔接的长效机制、幼小联合教研制度、家园校共育机制、违规办学行为治理机制，减缓衔接坡度，帮助儿童顺利实现从幼儿园到小学的平稳过渡，特制定本方案。

一、指导思想

以习近平新时代中国特色社会主义思想为指导，全面贯彻党的教育方针，落实立德树人根本任务，遵循儿童身心发展规律和教育规律，深化基础教育课程改革，建立幼儿园与小学科学衔接的长效机制，全面提高教育质量，促进儿童德智体美劳全面发展和身心健康成长。

二、实施基础

近年来，龙湖区坚持把学前教育放在教育优先发展的战略地位，把发展学前教育作为教育改革发展的重点领域，始终坚持学前教育事业以公益性、普惠性为主，经费投入以公共投入为主，师资队伍以公办教师为主，管理以教育行政部门为主，在体制机制创新、政策措施完善等方面不断推陈出新，发展突破，提高科学保教质量，取得了较为明显的成效。

龙湖区近年来加快推进教育体制机制创新，着力破解学前教育改革发展难题，进一步完善覆盖城乡的学前教育公共服务体系，初步打造出具有一定的推广价值和借鉴意义的学前教育改革发展"龙湖样本"。

发挥政府主导作用。通过实施学前教育发展三期行动计划、建立学前教育联席会议制度等，以新理念引领学前教育发展；加大财政投入力度，通过完善经费保障机制、实施在园幼儿普惠性学费补助等措施，刚性保障学前教育发展；推动系列政策法规落地，落实住宅小区配套幼儿园建设，开展城镇小区配套幼儿园专项治理，实现"5080"工程目标；完善常态化监管机制，加强对各类幼儿园日常监管，强化专项督导评估工作，严格普惠性民办幼儿园认定标准等举措，全面规范办园行为。

强化质量立园意识。引导幼儿园科学开展保教工作，推进课程体系建设和创新；深入开展"小学化"专项治理工作，推进内涵式发展；组建幼教集团，推进实体化改革，整合优质教育资源，带动全区园所优质发展，集团改革发展典型案例《汕头经济特区中心幼儿园幼教集团在创拓优质均衡中前行》获评2020年度全国基础教育优秀工作案例，为全省唯一一个学前教育获奖案例；狠抓幼儿园师资培训，补强幼教发展短板；启动"童心同梦"汕港幼教交流合作项目，搭建汕港幼教交流合作平台，项目被列为粤港澳大湾区青少年重点交流项目，产生了良好的品牌效应。

三、工作目标

全面推进汕头市龙湖区幼儿园和小学实施入学准备和入学适应教育，减缓衔接坡度，为儿童搭建从幼儿园到小学顺利过渡的阶梯；幼儿园教师、小学教师及家长的教育观念与教育行为明显转变，校外培训机构规范有序发展，幼小协同的有效机制基本建立，科学衔接的教育生态基本形成。

四、重点任务

1. 强化幼小衔接意识，建立幼小协同合作机制。以儿童为本推动双向深度衔接，将幼小衔接渗透于整个学前教育和小学低年级阶段。

2. 建立健全行政、教科研、教育机构和家长统筹联动工作机制。遵循幼小衔接的整体性、多向性和动态性特征，整合多方资源，推动幼小科学有效衔接。

3. 建立动态监管机制。规范校（园）及校外培训机构的教育教学行为，合理做好入学准备和入学适应，做好科学衔接。

五、工作要求

1. 高度重视，科学组织。相关教育行政部门、教研部门要高度重视，充分认识到做好幼小衔接工作的重要性和必要性，切实把幼小衔接工作作为基础教育课程改革的重要内容，加强行政支持和业务指导，及时协调解决幼小衔接工作推进中的困难和问题，统筹各方资源，提供经费支持，科学有序地组织小学与幼儿园开展结对研究活动，确保工作做深做细做到位。各幼儿园和小学要认真制订活动方案，明确工作目标，严格组织实施，及时反思总结。

2. 加强指导，落实督查。相关教育行政部门、教研部门建立工作推进机制，加强统筹协调，整合专业资源，加强对幼小衔接教育工作的指导，积极开展教研活动，加强幼小衔接科学研究。健全科学评价机制，将入学准备和入学适应作为幼儿园和义务教育质量评估的重要内容。按规定对工作表现优异、成绩突出的幼儿园（学校）和教师给予表彰奖励，并作为学校评优评先和教师职称晋升的重要依据。同时加强动态监管，将幼小衔接教育工作纳入督学责任区的检查范围，加大督查力度，对幼儿园"小学化"及一年级加快教学进度等现象进行过程性督查，一经发现，责令整改并进行通报，年度评先一票否决。

3. 加大宣传，正确引导。相关教育行政部门、教研部门加大社会宣传力度，利用多种媒体宣传科学做好幼小衔接的重要意义和有效途径，及时总结推广典型案例和经验做法，正确引导社会舆论导向；各幼儿园及小学充分利用家长会、亲子活动、家长开放日等形式加强宣传科学的育儿观念，引导家长自觉抵制违背儿童身心发展规律的行为，支持和参与幼小衔接工作，家园校形成教育合力，营造良好的社会氛围。

六、保障措施

1. 制度保障：组建龙湖区幼小衔接工作专项小组，制定工作制度，统筹区域幼小衔接工作政策措施，确保工作有序高效开展。

2. 经费保障：依据项目实施计划开展经费预算，按照资金绩效目标实施并完成绩效目标。利用专项奖补资金，将幼小衔接有关培训、督导等工作经费纳入本区学前教育经费预算，确保经费预算足额保障。

第二节　攻坚方案

一、指导思想

以习近平新时代中国特色社会主义思想为指导，全面贯彻党的教育方针，落实立德树人根本任务，遵循儿童身心发展规律和教育规律，深化基础教育课程改革，建立幼儿园与小学科学衔接的长效机制，全面提高教育质量，促进儿童德智体美劳全面发展和身心健康成长。

二、主要目标

全面推进幼儿园和小学实施入学准备和入学适应教育，减缓衔接坡度，帮助儿童顺利实现从幼儿园到小学的过渡。幼儿园教师、小学教师及家长的教育观念与教育行为明显转变，幼小协同的有效机制基本建立，科学衔接的教育生态基本形成。部署实施汕头市龙湖区幼小衔接行动计划，指导推动区域实施入学准备和入学适应教育。树立幼儿园科学保教观念，落实招生行为进一步规范，起始年级教学内容和进度符合课程标准。以游戏为基本活动，使以幼儿为本、尊重幼儿年龄特点与身心发展规律的价值观念深入人心、普遍践行。

三、重点任务

一是改变衔接意识薄弱、小学和幼儿园教育分离的状况，建立幼小协同合作机制，推动家园校合作共育，为儿童搭建从幼儿园到小学过渡的阶梯，推动双向衔接。

二是改变过度重视知识准备，超标教学、超前学习的状况，规范学校和校外培训机构的教育教学行为，合理做好入学准备和入学适应，做好科学衔接。

三是改变衔接机制不健全的状况，建立行政推动、教科研支持、教育机构和家长共同参与的机制，整合多方资源，实现有效衔接。

下面从幼儿园和小学两个主体来分述重点任务。

1. 幼儿园的重点任务

一是准确把握入学准备的内涵。针对社会上过度重视知识准备的问题，强调将身心准备、生活准备、社会准备和学习准备等方面有机融合和渗透，不能片面追求某一方面的准备，或用小学知识技能的强化训练替代全面准备。

二是处理好循序渐进与把握重点的关系。既强调将入学准备贯穿于幼儿园三年保育教育全过程，从小班开始逐步培养幼儿身心基本素质，又强调大班根据即将进入小学的特殊需要，实施有针对性的入学准备教育。

三是尊重幼儿身心发展规律。强调用科学的、符合幼儿学习特点的方式，不仅帮助幼儿做好入学准备，还要帮助幼儿做好终身学习的准备。

2. 小学的重点任务

一是强化主动衔接。要求小学教师树立牢固的衔接意识，转变教育观和儿童观，主动了解幼儿园的教育特点，积极倾听儿童的需求，创设包容和支持性的学校环境。

二是注重适应过渡。要求小学将一年级上学期设置为幼小衔接适应期，在班级环境、作息安排等方面与幼儿园相衔接，解决幼儿园与小学教育中衔接坡度过大问题。

三是关注个体差异。为防止用统一的标准要求每个儿童，挫伤其入学积极性，强调尊重儿童原有经验和发展水平，有针对性地为每个儿童提供个别化指导。

四是深化课程改革。要求小学探索与幼儿园相衔接的入学适应教育，合理安排一年级的课程内容，改革一年级教育教学方式和评价方式，为每个儿童搭建入学适应的阶梯。

第三节 各园校方案

接下来分别介绍部分试点园校的实施方案，读者可以通过详读相关内容进行学习。

案例一：汕头经济特区中心幼儿园幼教集团总园幼小科学衔接项目实施方案

> 为贯彻落实教育部《关于大力推进幼儿园与小学科学衔接的指导意见》和广东省教育厅印发的《广东省推进幼儿园与小学科学衔接攻坚行动方案》要求，深化基础教育改革，建立汕头经济特区中心幼儿园幼教集团总园与汕头市龙湖区金阳小学科学衔接的长效机制，帮助幼儿顺利实现从幼儿园到小学的平稳过渡，特制定本实施方案。

一、指导思想

以习近平新时代中国特色社会主义思想为指导，全面贯彻党的教育方针，落实立德树人根本任务，遵循儿童身心发展规律和教育规律，深化基础教育课程改革，助力"双减"工作落地，建立汕头经济特区中心幼儿园幼教集团总园与汕头市龙湖区金阳小学科学衔接的长效机制，全面提高教育质量，促进儿童德智体美劳全面发展和身心健康成长。

二、实施基础

汕头经济特区中心幼儿园始创于1989年，是龙湖区教育局直属公办幼儿园，广东省一级幼儿园，广东省《3—6岁儿童学习与发展指南》实验幼儿园，广东省基础教育研究实验基地学校。

我园坚持弘扬中华优秀传统文化，重视内涵发展，以"小幼儿园大雅堂"为办学愿景，以培育新一代小潮人为使命，着力开展雅教育的实践与探索，以优雅的环境浸润雅，以丰富的活动渗透雅，以潜移默化的言传身教实践雅，培育潮汕新生代，铸造教师享受幸福教育、幼儿体验成长乐趣的幸福乐园。

三、工作目标

（一）深入贯彻落实教育部《关于大力推进幼儿园与小学科学衔接的指导意见》，坚持立德树人，遵循儿童身心发展规律和教育规律，深化基础教育课程改革，推进开展入学准备和入学适应教育的实践研究，真正实现儿童顺利从幼儿园到小学的过渡，提升幼儿园科学保教品质。

（二）全面部署实施幼小衔接行动计划，与汕头市龙湖区金阳小学共同建立幼小协同科学衔接工作方案，推动家园校合作共育，建立幼小衔接的良好生态，发挥示范引领作用，助推集团"幼小衔接"雅教育品牌。

四、重点任务

全面学习并贯彻落实教育部《关于大力推进幼儿园与小学科学衔接的指导意见》，对照《幼儿园入学准备教育指导要点》和《小学入学适应教育指导要点》，我园提出以下具体建设任务：

（一）明确儿童为本的思路。在研究的过程中始终关注儿童发展的连续性、整体性、阶段性以及可持续性，坚持以游戏为基本活动，培养有益于儿童终身发展的学习品质、习惯与能力。

（二）落实双向衔接的措施。强化双向衔接意识，主动与汕头市龙湖区金阳小学做好沟通衔接工作，开展深度对话研讨活动。双方结合现状，落实协同合作的具体措施，在循序渐进中做好幼儿进入小学的全方面准备，科学过渡。

（三）形成系统推进的范式。梳理提炼幼小衔接的有效做法，整合多方教育资源，建立行政推动、教科研支持、幼儿园和小学统筹联动、家园校共育的机制，形成合力，在实践探索中形成范式，在区域内系统推进，发挥引领作用。

（四）建立规范管理的机制。建立规范的动态监管机制，加大管理力度，与汕头市龙湖区金阳小学协同规范园内、校内教育教学行为。

五、研究进度

（一）2021年6月至2022年6月

1. 开展讲座，共同学习国家政策法规，帮助家长、教师进一步了解政策法规。

2. 开展幼小衔接主题教研活动，组织老师们在幼儿园原有幼小衔接经验的基础上，结合政策指引，调整完善幼小衔接教育思路。

3. 与汕头市龙湖区金阳小学教师团队分组开展教研互动，组织幼小衔接相关活动，形成幼小衔接的可行性案例。

（二）2022年7月至2023年6月

1. 与汕头市龙湖区金阳小学教师团队开展教研互动，探讨更多联动方式，力求使幼小衔接活动生动化、立体化、系统化。

2. 家、校、园三位立体互动，形成融入幼儿园一日活动的幼小衔接课程体系，真正实现儿童顺利从幼儿园到小学的过渡。

（三）2023年7月至2024年6月

1. 整理项目资料，总结形成研究成果。

2. 邀请教师发展中心教研员、教育专家参与成果鉴定，并在幼教集团中交流推广，最后形成区域内幼小衔接机制。

六、人员分工

项目组建以来，以总园园长吴洁文为组长的教研核心组，落实研究任务分工，确保项目工作稳步推进。

七、投入保障

上级部门对我园的幼小衔接教科研活动非常支持，保障科研经费的投入，并邀请省级专家对幼小衔接项目定期诊断把控，指导项目实施。

八、预期成果

（一）形成"幼小衔接"相关入学准备和入学适应教育的实践研究报告。

（二）梳理出版"幼小衔接"的活动案例和论文集。

（三）建立"幼小衔接"示范基地，推广科学可行的"幼小衔接"课程模式。

案例二：汕头市龙湖区丹霞幼儿园试点园幼小科学衔接项目实施方案

汕头经济特区中心幼儿园幼教集团下的丹霞幼儿园创建于1992年，是汕头市龙湖区教育局直属全日制公办幼儿园、广东省一级幼儿园，先后荣获"广东省绿色幼儿园""汕头市优秀家长学校""普教系统先进单位""精神文明先进单位""中央教科所先进实验基地"等荣誉称号。丹霞幼儿园提倡贴近生活、自然精致的生活态度，探索现代管理新境界，激励师幼共同成长，创建和谐发展的精神家园。课程建设旨在把儿童置于课程中央，让课程建设真正服务于孩子们的成长。

长期以来，幼小衔接形成断层，没有将幼小衔接视为一种儿童成长过程中必经的、有价值的发展经历，这十分不利于儿童从幼儿园向小学过渡。幼儿园过多重视"知识"的教授，家长教育理念陈旧，部分家长在升大班时选择去外面的培训机构就读"幼小衔接班"，影响幼小衔接工作顺利进行。教育部印发的《关于大力推进幼儿园与小学科学衔接的指导意见》，在衔接定位上进行了调整，明确提出要"坚持儿童为本"，并具体化为关注儿童发展的"三性"，即连续性、整体性、可持续性。幼小衔接工作的改革需要加强师资培训，树立正确的观念，重视幼儿非智力因素的培养，做好幼儿入小学的心理准备，培养孩子的任务意识，能独立思考，克服困难；培养幼儿的坚持性和自制力，并要做好家长工作，争取家长的配合，共同做好幼小衔接工作；同时还要加强与小学的联系，利用社区资源，带幼儿参观小学，观摩小学生上课，激发幼儿对小学生活的向往。针对幼小衔接工作所存在的问题，我园制定了以下方案。

一、工作目标

1. 树立正确的幼小衔接观念，科学调整幼儿园幼小衔接课程，实现幼小衔接工作的连续性、整体性与可持续性。

2. 充分利用社区资源，与牵手小学共建共研，实现家、园、校幼小衔接的密切联动。

二、工作进度

试点时间为三年，起止时间为2021年8月至2024年9月。试点工作分为以下三个阶段。

第一阶段：准备与启动阶段（2021年8月至10月）

1. 成立幼小衔接课题研究小组，明确责任，分工到位。

2. 加强教师"幼小衔接"的理论学习，通过研讨、培训等形式，了解幼儿的心理特点、发展特点及幼小衔接工作的重点。

第二阶段：实施与调整阶段（2021年11月至2023年10月）

1. 把幼小衔接工作纳入年度工作要点。幼儿园作为幼小衔接的双主体之一，拉长衔接期，明确幼小衔接是长期的育人行为而非一时的过渡活动，要把入学准备教育有机渗透于幼儿园三年保育教育工作的全过程，做好身心准备、生活准备、社会准备和学习准备四个方面的工作。

2. 推动建立幼小学段互通、内容融合的联合教研制度。以联合教研为突破口，把幼小衔接作为教研工作的重要内容，逐步建立适合幼小衔接的课程、教学、研究、管理新体系，探索幼小融合的途径与方式，在深入调查了解幼小衔接实际问题的前提下，积极谋划推动建立幼小学段互通、内容融合的联合教研制度。针对入学准备和入学适应实践中的突出问题进行专题研究，结成研究共同体。

3. 幼儿园与小学共同开设"桥梁课程"。桥梁课程主要是构建和推进教师联合教研，包括育人目标、课程内容、实施方式以及评价方式的交流与研讨，让幼儿园和小学教师能够通过桥梁课程彼此认同、彼此协同。制定适合孩子的桥梁课程具体内容，包括开展幼儿园大班与小学一年级的主题月课程等，通过桥梁课程帮助幼儿认识和了解小学教育的方方面面，并有机会在小学生的陪伴下更好地开启小学生活。联合汕头市龙湖区丹霞小学的教师进行研讨，通过适当调整学校的课程方案，设立入学适应期，在一年级上学期重点实施入学适应教育，开发设置与学生需求相匹配的、丰富多样的入学适应活动。活动的开展可以与校本课程、地方课程或综合实践活动打通，共用课时。转变一年级的教育教学方式，灵活采取游戏化、生活化、综合化等方式，让儿童在适应中发展。

4. 及时了解家长的困惑与建议，积极宣传国家和地方有关政策，帮助家长树立正确的儿童观、教育观，共同配合为孩子入小学做准备。

第三阶段：总结与反思阶段（2023年11月至2024年9月）

根据幼小衔接系列活动进行总结分析，整理教学成果，让幼小衔接课题成为可持续、可发展的课题。抓住逻辑主线，针对现实问题，坚持开展联动推进，其关键在于确立幼儿园、小学在衔接上的双主体地位，双向衔接，协同发力。

三、保障措施

1. 建立幼小衔接课题网络，成立课题组，制定课题研究制度。

2. 由课题组组长负责开展活动，组员之间结成研究伙伴，定期汇报、交流。每月月底举行课题组长例会，经常对课题进行阶段性分析，并指导下个阶段的工作。

3. 对课题组成员的研究工作实行不定期检查，并进行阶段性工作汇报和总结，行政人员进行监督和管理。

4. 幼儿园给予经费保障，保证本课题各项研究工作正常开展。

5. 与上级主管部门和幼教专家定期交流，及时汇报课题研究进展，确保幼小衔接工作扎实有效地开展。

四、预期成果

1. 形成幼小衔接教育项目经验资源包，内容包括案例实施"微课程"视频、案例资源材料、工具包等，为保教人员的日常教学提供可操作性的指导。

2. 初步形成园本幼小衔接课程体系，为同行提供借鉴与观摩，促进项目研究的推广。

做好幼小衔接，小学和幼儿园都要改革，在教育方法、形式上逐步靠拢，还要引领家长更新教育理念，家园社共育，需要多方共同努力，不断完善。我园将以儿童为本，遵循儿童身心特点，扎根教育实践研究，联动各方资源和力量，科学助力幼儿顺利过渡到小学。

案例三：汕头市龙湖区经济特区幼儿园幼小科学衔接试点项目活动方案

为深入贯彻党的十九届五中全会"建设高质量教育体系"的要求，落实中共中央、国务院《关于学前教育深化改革规范发展的若干意见》，教育部《关于大力推进幼儿园与小学科学衔接的指导意见》，广东省委、省政府《关于推动基础教育深化改革高质量发展的意见》，及广东省教育厅印发的《广东省推进幼儿园与小学科学衔接攻坚行动方案》文件精神，遵循儿童身心发展规律和教育规律，深化基础教育课程改革，提高科学保教质量，建立汕头经济特区幼儿园与汕头市龙湖区金珠小学科学衔接的长效机制，帮助幼儿顺利实现从幼儿园到小学的平稳过渡，特制定本实施方案。

一、指导思想

以习近平新时代中国特色社会主义思想为指导，全面贯彻党的教育方针，落实立德树人根本任务，遵循儿童身心发展规律和教育规律，深化基础教育课程改革，助力"双减"工作落地，建立汕头经济特区幼儿园与汕头市龙湖区金珠小学科学衔接的长效机制，全面提高教育质量，促进儿童德智体美劳全面发展和身心健康成长。

二、基本原则

（一）坚持儿童为本。关注儿童发展的连续性，尊重儿童的原有经验和发展差异；关注儿童发展的整体性，帮助儿童做好身心全面准备和适应；关注儿童发展的可持续性，培养有益于儿童终身发展的习惯与能力。

（二）坚持双向衔接。强化衔接意识，幼儿园与小学协同合作，科学做好入学准备和入学适应，促进儿童顺利过渡。

（三）坚持系统推进。整合多方教育资源，行政、教科研、幼儿园和小学统筹联动，家园校共育，形成合力。

三、主要目标

深入学习并贯彻相关文件精神，全面部署实施幼小衔接行动计划，开展入学准备和适应教育的实施探索。全面推进汕头经济特区幼儿园和汕头市龙湖区金珠小学实施入学准备和入学适应教育，减缓衔接坡度，力求幼儿园和小学教师及家长的教育观念与教育行为有较为明显的转变，为儿童搭建从幼儿园到小学顺利过渡的阶梯，实现科学衔接的良好教育生态。

四、建设任务

一是明确儿童为本的思路。关注儿童发展的连续性，尊重儿童原有经验和发展差异；以培育一个身心健全的人为目标，关注儿童发展的整体性，帮助儿童做好身心全面准备和适应；坚持以游戏为基本活动，关注儿童发展的可持续性，培养有益于儿童终身发展的习惯与能力。二是落实双向衔接的措施。重视强化衔接意识，主动与汕头市龙湖区金珠小学做好沟通衔接，落实协同合作的具体做法，科学做好入学准备、入学适应教育，促进儿童幼小阶段顺利过渡。三是研究系统推进的方法。整合多方教育资源，行政、教科研、幼儿园和小学统筹联动，家园校共育，研究在区域内系统推进的方法。四是建立规范管理的机制。加大管理力度，与汕头市龙湖区金珠小学协同纠正和扭转园内、校内违背儿童身心发展规律的做法和行为。

五、改革思路

在目前国家重视幼小科学衔接的大背景下，发挥教师团队主动学习的意愿、善于反思钻研的特点，扎扎实实开展幼小衔接实践探索，使特区园成为汕头市有代表性的学前教育高质量试点园和示范性幼儿园，对本区域幼儿园或小学产生积极影响，使取得的经验得以推广。我们预设的做法有：

一是研究幼小衔接坡度，实现科学衔接。增强衔接意识，减缓幼小之间的坡度，注意入学准备的内容，而非具体知识的多少；幼小衔接应更多地关注幼儿的社会性适应能力和学习适应能力的发展水平。二是做好家长工作，形成教育合力。我们拟组织教师、家长、幼儿"三位"一体的教育活动，吸引家长参与并重视幼小衔接工作。研究指导家长在家庭中做好幼儿入学前的生活、心理、学习方面的准备，使每一个孩子都能顺利完成幼小衔接。

六、主要举措

（一）遵循上级政策文件精神。深入贯彻落实《3—6岁儿童学习与发展指南》《幼儿园教育指导纲要（试行）》，开展保教活动。根据教育部《幼儿园入学准备教育指导要点》，通过游戏、日常生活、专题活动等途径积极开展入学准备教育，促进幼儿身心全面和谐发展，为入学做好基本素质准备，为终身发展奠定良好基础。

（二）树立科学衔接理念。坚持儿童为本，尊重幼儿身心发展规律和特点，实施科学保育与教育，将入学准备教育有机渗透于幼儿园三年保教工作全过程。加强队伍研训，通过专题研修、主题教研、课程审议等方式，引导幼儿园教师树立科学衔接理念。与结对的汕头市龙湖区金珠小学密切联系，鼓励教师参加联合教研，更新观念，不断强化衔接意识。

（三）创设适宜的幼儿园场景。幼儿园应注重场景创设，将五大领域的核心经验渗透于幼儿感兴趣的生活、学习、运动与游戏场景中，增强幼儿体质，培养良好的生活和卫生习惯，引导幼儿通过亲近自然、直接感知、亲身体验、实际操作等方式进行学习，丰富对世界的理解和体验，为进入小学奠定基础。

（四）开展幼小衔接系列专题活动。幼儿园要有针对性地开展幼小衔接主题活动，通过邀请小学老师和小学生到幼儿园分享经验，组织幼儿参观小学、参加小学生活体验等方式，帮助幼儿做好生活、社会和学习等多方面的准备，建立对小学生活的积极期待和向往。

（五）把幼小衔接作为教研工作的重要内容，纳入年度教研计划，提供充分的教研工作保障，推动建立幼小学段互通、内容融合、形式科学、氛围积极的系统化联合教研制度，有效提升教研成果的实践应用效果，与汕头市龙湖区金珠小学建立教学、研究、管理衔接的园校"教学研"共同体，加强教师在儿童发展、家长工作、课程体系、教学实施、管理制度等方面的研究交流，及时解决入学准备和入学适应实践中的突出问题。

（六）把家长作为重要的合作伙伴，建立有效的家园校协同沟通机制，引导家长与幼儿园、小学积极配合，共同做好衔接工作。将幼小衔接纳入家园校沟通的重点内容，通过多种途径与家长建立联系。

七、阶段目标

项目起止时间为2021年8月至2024年9月，分为三个阶段：

（一）启动阶段（2021年8月至10月）

一是参与项目立项教研部门和实验区幼小教师开展的联合教研，林若霞执行园长为本试点园负责人，组建幼儿园教研核心组，制定项目实施方案。二是了解分析各方对幼小衔接的认识，结合专家意见，明确教研的方向；开展国家政策法规宣讲，共同学习，帮助家长、教师了解政策法规；开展教师培训，重温幼儿身心成长规律，促使教师反思教育行为，调整幼小衔接教育思路；与汕头市龙湖区金珠小学教育团队开展教研互动，互相观摩研讨，达成一致的育人目标，形成新的成长坡度。

（二）试点阶段（2021年11月至2023年10月）

一是接受相关教育部门的指导，依托常态化教研机制及时解决工作推进中的问题和困难。与汕头市龙湖区金珠小学建立深度合作机制，2021年秋季学期开始全面启动试点，按要求重点推进实施幼儿园大班下学期入学准备活动方案和小学一年级上学期入学适应活动方案，并在实施过程中不断完善活动方案，总结试点成果和经验。2022年秋季学期开始，全面推行入学准备和入学适应教育，建立幼小协同的合作机制，加强在课程、教学、管理和教研等方面的研究合作。二是在上一阶段的基础上，研究、形成较为科学的幼小衔接园本课程，逐步在幼儿园中落实、优化；与幼教集团其他核心园进行经验交流，实现家、校、园的三位立体互动，有效促进和保障幼儿在本阶段的身心健康、快乐成长；继续与汕头市龙湖区金珠小学低年级教育团队开展教研互动，探讨更多的联合活动的方法、方式，力求使幼小衔接活动生动化、立体化、多维化。

（三）总结推广阶段（2023年11月至2024年9月）

这一阶段主要是整理项目资料，邀请专家教师进行指导，总结以上两个阶段的研究成果，进一步完善幼小衔接举措和工作机制，为推广研究成果做准备。为区内更多幼儿园参与幼儿园与小学科学衔接实践提供经验辐射，提升实验区学前教育质量。

特区园将在各级政府的正确领导下，在各级教育部门的支持和指导下，在幼教集团的直接领导下，坚持正确的办园方向，走科研兴园、特色办园的路子。全体教职员工将共同努力，不断完善办园条件，提高保教质量，提升声誉，使特区园成为一所广受群众好评、幼儿喜爱的学前教育高质量试点园。

案例四：汕头市龙湖区童心同梦幼儿园试点园幼小科学衔接项目实施方案

汕头市龙湖区童心同梦幼儿园建成于2020年6月，园舍占地面积8533平方米，建筑面积7150平方米，是龙湖区教育局直属公办幼儿园、汕头经济特区中心幼儿园幼教集团核心园，是广东省粤港澳大湾区青少年交流重点项目——汕港幼教交流合作项目基地。童心同梦幼儿园秉承汕头经济特区中心幼儿园幼教集团先进的管理和教学理念，以"小幼儿园 大雅堂"为办学愿景，以培育具有国际视野的新一代小潮人为目标，以弘扬中华优秀传统文化为使命，以文化引领幼儿园发展，着力开展雅教育的实践与探索。作为"童心同梦"汕港幼教交流合作项目的实践基地，童心同梦幼儿园大力培育和践行社会主义核心价值观，是对外传播的窗口，为儿童同唱中华文化之歌积极探索，推动实现更高质量的学前教育。

一、改革思路

幼小衔接是幼儿园教育和小学教育两个教育阶段平稳过渡的教育过程，也是儿童成长过程的一个重大转折。这个阶段处于人类整个逻辑思维形成和使用过程中所要经历的三次环境转换的第二次转换期，意义重大。幼儿园教育是以游戏和能力发展为主的教育，而小学教育是以正规课业和静态知识的学习为主的教育，两者的不同需要儿童调整身心来适应，这种适应的调整就是幼小衔接的主要任务。

2021年，教育部印发《关于大力推进幼儿园与小学科学衔接的指导意见》及《幼儿园入学准备教育指导要点》，提出"幼儿园应将入学准备教育有机渗透于幼儿园三年保育教育工作的全过程，帮助幼儿做好身心各方面准备，实现从幼儿园到小学的顺利过渡"。童心同梦幼儿园将建立"幼小协同，科学衔接"的主导理念，坚持贯彻落实《幼儿园教育指导纲要（试行）》和《3—6岁儿童学习与发展指南》精神，面向全体幼儿，促进幼儿身体素质、心理素质、学习的习惯、态度与能力全方位发展；制订符合幼儿身心发展规律及学习规律的发展目标，积极创造条件，通过丰富多彩的一日活动的开展、生活教育环境的创设、生活常规和学习习惯的培养以及家园社共育工作的开展等途径，更全面地促进幼儿的身心发展，并积极主动对接小学，探索与小学科学协同合作途径，以实现幼小顺利过渡。

二、年度目标

第一阶段：2021年6月至2022年6月

1. 深入理解《关于大力推进幼儿园与小学科学衔接的指导意见》《幼儿园入学准备教育指导要点》精神，掌握幼小衔接的要求，初步建立幼小协同的科学机制。

2. 强化衔接意识，明确研究思路，确立研究线索，形成教研计划。

第二阶段：2022年7月至2023年6月

开展符合幼儿身心特点及学习规律的幼小衔接课程，全面贯彻落实幼儿入学准备工作；分层次建立各年龄段教育教学目标，系统推进幼小衔接工作；形成家园校一体化共育机制，形成合力，规范管理。

第三阶段：2023年7月至2024年6月

1. 幼儿形成良好的学习习惯和生活能力，建立较好的规则意识和任务意识；形成上小学的兴趣和愿望，对升学具有积极的情感体验。

2. 与小学形成良好、常态且行之有效的衔接模式，互动密切，幼儿实现顺利过渡。

三、实行措施

（一）研训兼修，提升师资队伍水平

1. 建立研修小组，深入解读《关于大力推进幼儿园与小学科学衔接的指导意见》《幼儿园入学准备教育指导要点》精神，建立幼小科学衔接意识。

2. "走出去"与"请进来"，邀请专家团队以及名师团队来园指导，组织教师外出参加学习培训，并组织交流活动，借鉴同行优秀经验，提升专业水平。

（二）科学规划，完善幼儿入学准备

制订具体可行的工作计划，做到两个坚持、两个调整和组织一个系列活动。

1. 两个坚持

一是坚持确保幼儿在园有充足的时间参与体育锻炼，使幼儿形成良好的身体素质以及不怕困难、勇于挑战的品质。

二是坚持开展符合幼儿身心特点和学习规律的综合活动，促进幼儿全面发展，保护幼儿的好奇心和学习兴趣。

2. 两个调整

一是调整一日活动作息时间安排，适度增加集体活动时间，加强专注能力、倾听能力的培养。

二是调整活动规则制订的方向，引导幼儿学习自我制订计划和建立规则意识，加强任务意识培养，让幼儿当自己的主人，养成自觉遵守规则、自我管理的习惯。

3. 一个系列

组织毕业系列活动，如参观小学，走进小学课堂，请小学老师走进幼儿园课堂，开展军训活动、独立夜体验、毕业教学展示活动，以及毕业典礼等，让孩子们体验成长与责任、独立与关怀、爱与感恩。

（三）常态教研，幼小协同科学衔接

1. 与小学教师形成结对模式，建立常态联系，对接金湾学校，制订实际可行的实施计划，共同提升课堂教学能力及教研能力。

2. 定期开展幼小互动观摩活动，就课堂模式、组织方法、教学内容等做好衔接，激发幼儿升学的兴趣和信心。

（四）家园社共育，提高幼小衔接的有效性

组织家长讲座、家长沙龙、家长专题聊吧、家长开放活动等，引导家长了解和理解幼小衔接的意义及做法，获得家园社共育成效。

四、投入保障

童心同梦幼儿园是幼教集团核心园、汕港幼教交流合作项目基地，从建园到基地建设都得到区政府、区教育局高度重视，也获得幼教集团的全方位资源支持。2021年3月，童心同梦幼儿园成为广东省基础教育园本教研基地之一，园长是主要负责人，资金投入有保障，教研力量亦有保障。

五、预期成果

建立与小学的良好互动，科学衔接，幼儿各方面能力获得提高，入学能顺利过渡；形成一套行之有效的幼小衔接方案，可供教师开展常态活动；开发出幼小衔接优秀案例，教师撰写教育心得及论文，进一步交流分享幼小衔接有效经验。

案例五：汕头市龙湖区正雅幼儿园试点园幼小科学衔接项目实施方案

为深入贯彻党的十九届五中全会"建设高质量教育体系"的要求，落实中共中央、国务院《关于学前教育深化改革规范发展的若干意见》，教育部《关于大力推进幼儿园与小学科学衔接的指导意见》，广东省委、省政府《关于推动基础教育深化改革高质量发展的意见》，广东省教育厅印发的《广东省推进幼儿园与小学科学衔接攻坚行动方案》精神，遵循儿童身心发展规律和教育规律，深化基础教育课程改革，提高科学保教质量，建立汕头市龙湖区正雅幼儿园与汕头市龙湖区香阳小学科学衔接的长效机制，帮助幼儿顺利实现从幼儿园到小学的平稳过渡，特制定本实施方案。

一、指导思想

以习近平新时代中国特色社会主义思想为指导，全面贯彻党的教育方针，落实立德树人根本任务，遵循儿童身心发展规律和教育规律，深化基础教育课程改革，助力"双减"工作落地，建立汕头市龙湖区正雅幼儿园与汕头市龙湖区香阳学校（小学部）科学衔接的长效机制，全面提高教育质量，促进儿童德智体美劳全面发展和身心健康成长。

二、实施基础

汕头市龙湖区正雅幼儿园创办于2018年9月，由汕头经济特区中心幼儿园幼教集团进驻管理，是一所高端、开放的现代化幼儿园。正雅幼儿园秉承汕头经济特区中心幼儿园幼教集团先进的管理模式和教学理念，以"小幼儿园 大雅堂"为办学愿景，以弘扬中华优秀传统文化为使命，以文化引领幼儿园发展，用精神激励师幼共同成长，使教师享受幸福教育，幼儿体验成长乐趣，培育具有国际视野的新一代小潮人。在汕头经济特区中心幼儿园幼教集团的带动引领下，正雅幼儿园在办学上有了更高的起点，在短时间内各项工作快速步入正轨，办学特色明显，教育教学工作稳步开展，受到社会各界及家长的好评。

同时，我们也积极探索幼小衔接路径。幼儿从幼儿园大班进入小学，是人生的一个重要转折。为了更好地实施幼小衔接工作，帮助幼儿做好入学准备和入学适应教育，实现从幼儿园到小学的顺利过渡，我园将以《幼儿园教育指导纲要（试行）》《3—6岁儿童学习与发展指南》精神为指导，深入贯彻落实教育部印发的《关于大力推进幼儿园与小学科学衔接的指导意见》，帮助幼儿做好身心、生活、社会和学习等多方面的准备，养成良好的生活能力和学习习惯，建立幼小协同机制，推动家园校合作共育，为幼儿搭建从幼儿园到小学顺利过渡的阶梯。

三、主要目标

本园将深入贯彻落实《幼儿园教育指导纲要（试行）》《3—6岁儿童学习与发展指南》以及教育部《关于大力推进幼儿园与小学科学衔接的指导意见》，充分尊重幼儿身心发展规律和特点，实施科学的保育教育，将入学准备教育有机渗透于幼儿园三年保育教育工作的全过程，全面做好入学准备和入学适应教育工作，帮助幼儿做好身心各方面准备，实现从幼儿园到小学生活的顺利过渡。

四、重点任务

1. 做好幼儿入学准备教育。有针对性地帮助幼儿做好身心、生活、社会和学习等多方面的准备，帮助幼儿建立对小学生活的积极期待和向往。

2. 加强与小学的衔接，建设高质量教育体系。深化教育教学改革，加强与小学的衔接，建立联合教研制度，完善共育机制，建设高质量教育体系，切实解决好幼小衔接问题。

3. 进一步规范办学行为。在上级有关部门的统筹协调下，强化科学导向，帮助家长认识过度强化知识准备、提前学习小学课程内容的危害，积极配合做好衔接。同时，带动本区域的幼儿园和小学共同开展幼小衔接的研究，力求把相关经验进行推广，形成良好的教育生态，确保儿童身心健康成长。

五、工作进度

第一阶段：准备与启动阶段（2021年8月至2022年2月）

1. 成立幼小衔接课题研究小组，明确责任，分工到位。

2. 加强教师对幼小衔接理论的学习，通过研讨、培训等形式，了解幼儿的心理特点、发展特点及幼小衔接工作的重点。

第二阶段：实施与调整阶段（2022年3月至2023年10月）

1. 把幼小衔接工作纳入年度工作要点。幼儿园作为幼小衔接的双主体之一，拉长衔接期，明确幼小衔接是长期的育人行为而非一时的过渡活动，要把入学准备教育有机渗透于幼儿园三年保育教育工作的全过程，做好身心准备、生活准备、社会准备和学习准备四个方面的工作。

2. 推动建立幼小学段互通、内容融合的联合教研制度。以联合教研为突破口，把幼小衔接作为教研工作的重要内容，逐步建立适合幼小衔接的课程、教学、研究、管理新体系，探索幼小融合的途径与方式，在深入调查了解幼小衔接实际问题的前提下，积极谋划推动建立幼小学段互通、内容融合的联合教研制度。针对入学准备和入学适应实践中的突出问题进行专题研究，结成研究共同体。

3. 幼儿园与小学共同开设"桥梁课程"。桥梁课程主要是构建和推进教师联合教研，包括育人目标、课程内容、实施方式以及评价方式的交流与研讨，让幼儿园和小学的教师能够通过桥梁课程彼此认同、彼此协同。制定适合孩子的桥梁课程，具体内容包括开展幼儿园大班与小学一年级的主题月课程等，通过桥梁课程帮助幼儿认识和了解小学教育的方方面面，并有机会在小学生的陪伴下更好地开启小学生活。联合汕头市龙湖区香阳学校（小学部）教师进行研讨，通过适当调整学校的课程方案，设立入学适应期，在一年级上学期重点实施入学适应教育，开发和设置与学生需求相匹配的、丰富多样的入学适应活动。活动的开展可以与校本课程、地方课程或综合实践活动打通，共用课时。转变一年级的教育教学方式，灵活采取游戏化、生活化、综合化等方式，让儿童在适应中发展。

4. 及时了解家长的困惑与建议，积极宣传国家和地方有关政策，帮助家长树立正确的儿童观、教育观，共同配合为孩子入小学做准备。

第三阶段：总结与反思阶段（2023年11月至2024年9月）

根据幼小衔接系列活动进行总结分析，整理教学成果，让幼小衔接成为可持续、可发展的内容。抓住逻辑主线，针对现实问题，坚持开展联动推进，其关键在于确立幼儿园、小学在衔接中的双主体地位，双向衔接，协同发力。

六、主要举措

第一阶段：启动、探索阶段

1. 成立幼小衔接工作领导小组，明确责任，分工到人。

2. 加强教师对幼小衔接理论的学习，建立联合教研制度，完善共育机制，通过培训、讨论、研讨等形式，全面做好入学准备和入学适应教育工作。

（1）认真学习《幼儿园教育指导纲要（试行）》《3—6岁儿童学习与发展指南》以及教育部《关于大力推进幼儿园与小学科学衔接的指导意见》，深入了解幼小衔接的目的和任务。

（2）结合各班幼儿的发展特点、学习兴趣，在一日生活的各个环节中渗透"幼小衔接"的工作方法，全面展开"幼小衔接"活动。

（3）组织大班教师与小学一年级教师进行分享、交流，将自己积累的关于幼小衔接互动指导策略的经验进行分享、交流。

3. 邀请专家到园举行讲座，向家长解读教育部《关于大力推进幼儿园与小学科学衔接的指导意见》的内容。同时，通过专家答疑解惑，帮助家长消除在幼小衔接方面的担忧与困惑。

4. 召开家长会，向家长宣传幼小衔接工作的重要性，与家长共同探讨孩子在生活、学习、能力等方面存在的问题，使家长对幼小衔接的整体工作有更全面的了解，能够主动配合幼儿园，积极参与到此项工作中来。

第二阶段：实施与调整阶段

1. 开展"我要上小学"等主题活动，加强幼儿园与小学的互动观摩交流，让幼儿了解即将面临的入学变化，初步体验小学的作息时间及课程模式，有上小学的愿望和兴趣，向往小学生活，为入学做好必要的心理准备。

2. 组织幼儿参观小学，进一步感受小学生活，了解小学生的学习生活与责任意识，激发幼儿上小学的欲望。同时，邀请小学的哥哥姐姐向幼儿介绍小学生活，激发幼儿对小学生活的向往之情。

3. 组织生活能力大比拼活动。以游戏的形式让幼儿认识书本、文具等，通过组织小竞赛活动，让幼儿学会快速、有条理地整理书包、文具、衣服，提高幼儿的生活自理能力。

4. 做好各项入学准备教育，将身心准备、生活准备、社会准备和学习准备等方面有机融合和渗透进来。

（1）调整孩子的作息时间，形成时间观念，适应小学的一日作息要求。

（2）激发孩子的学习兴趣，产生入学愿望。

（3）培养孩子的学习品质，以适应小学的学习特点。

（4）提高孩子的生活自理能力，以适应小学生独立性的要求。

（5）锻炼孩子的人际交往能力，以适应入学后的社交关系。

5. 加强与小学的深度合作，将每年九月份定为"幼小衔接月"，作为幼儿园到小学的"学习缓冲期"，着重从作息时间、课程安排、教学方法等方面与幼儿园对接，坚持"零起点"教学，确保孩子适应小学的生活和学习。

6. 家园同步，以培养孩子良好的学习、生活习惯为重点，帮助孩子适应幼小过渡中的断层问题，共同为幼儿入小学做好准备。

7. 总结经验，形成成果。

七、投入保障

幼儿园将安排专项资金，作为教研活动、外出学习等幼小衔接工作的经费，加大对教师的培训力度，不断提升科学保教能力，为全面做好幼小衔接提供保障。

八、预期成果

1. 形成富有本园特色的幼小衔接课程，形成幼小衔接教育活动案例汇编。

2. 总结经验，整理优秀论文及教师教育随笔，出版论文集。

3. 收集视频资料，做好归类整理。

案例六：汕头市龙湖区长江园试点园幼小科学衔接项目实施方案

一、指导思想

为贯彻落实教育部《关于大力推进幼儿园与小学科学衔接的指导意见》和《广东省推进幼儿园与小学科学衔接攻坚行动方案》要求，根据广东省学前教育高质量发展实验区（汕头龙湖）幼儿园与小学科学衔接项目实施要求，我园（汕头市龙湖区长江幼儿园）将在龙湖区教师发展中心及汕头经济特区中心幼儿园幼教集团的引领下，科学实施幼小衔接行动计划，做好幼儿园与小学的衔接工作，为幼儿顺利进入小学的学习生活奠定坚实的基础。

二、工作目标

（一）重视衔接工作，建立本园幼小科学衔接机制，与结对的汕头市龙湖区龙湖小学建立幼小联合教研制度、家园社共育机制，建立幼小衔接的良好生态。

（二）深入贯彻落实《3—6岁儿童学习与发展指南》和《幼儿园教育指导纲要（试行）》，充分尊重幼儿身心发展规律和特点，实施科学的保育教育。

（三）将入学准备教育有机渗透于幼儿园保育教育工作的全过程，促进幼儿身心全面和谐发展，帮助幼儿做好各方面入学准备，实现从幼儿园到小学的顺利过渡。

三、工作进度

（一）启动阶段（2021年8月至10月）

在龙湖区教师发展中心的指导下完成幼儿园大班入学准备活动方案。

（二）试点阶段（2021年11月至2023年10月）

在龙湖区教师发展中心的指导下，我园与汕头市龙湖区龙湖小学建立深度合作机制，2021年秋季学期开始全面启动试点，按要求重点推进实施幼儿园大班下学期入学准备活动方案，并在实施过程中不断完善活动方案，总结试点成果和经验。

我园将以《幼儿园入学准备教育指导要点》为依据，以促进幼儿身心全面和谐发展为目标，把握重点，根据大班幼儿即将进入小学的特殊需要，充分理解和尊重幼儿的学习方式和年龄特点，围绕社会交往、自我调控、规则意识、专注坚持等进入小学所需的关键素质，把入学准备教育目标和内容要求融入幼儿园游戏活动和一日生活，支持幼儿通过直接感知、实际操作和亲身体验等方式积累经验，逐步做好身心各方面的全面准备。

1. 身心准备

充分的入学准备，最重要的是身心准备。对小学生活充满向往，保持良好的情绪状态，喜欢运动，有较强的动手操作能力等都非常必要，在幼小衔接期，我们将培养幼儿逐渐学会自我管理，做好入学身心准备。

（1）"你好，小学！"通过组织参观小学的活动，邀请刚从幼儿园毕业的一年级学生回园分享小学生活等，帮助幼儿初步了解小学生活，建立积极的入学期待，对小学生活充满向往。

（2）"我长大了！"通过开展自我服务竞赛游戏、毕业独立夜、毕业磨炼营等活动，帮助幼儿实现生活自理能力过渡，逐渐学会自我管理。

（3）"我是棒棒哒！"通过每天晨间丰富的户外自主游戏和体育活动等，充分保证幼儿每天的运动量和运动时间；开展冬日趣味运动会、夏日篮球友谊赛等活动，增强幼儿体质，养成良好的运动习惯，保持充沛精力和良好情绪，少生病、少缺勤。

（4）"我很能干。"在日常生活和游戏中创设丰富的活动条件和充足的操作材料，鼓励幼儿学会正确、熟练地扣扣子、系鞋带、使用筷子；提供画笔、剪刀、小型积塑等工具和材料，支持幼儿进行画、剪、折、撕、粘、拼等各种活动，锻炼手部小肌肉动作，有效提高动手操作能力。

2. 生活准备

良好的生活习惯、睡眠习惯和卫生习惯，较强的生活自理能力、自我保护意识和能力，乐于参与劳动等有助于幼儿入学后较快适应新环境，增强独立性和自信心，培养初步的责任感。在幼小衔接期，我们将陪伴幼儿建立起良好的生活习惯，做好入学前充分的生活准备。

（1）"早睡早起身体好。"在充分保证幼儿自主游戏时间的前提下，我园将在大班下学期适当延长单次集体活动的时间，请家长配合幼儿园调整幼儿作息安排，提醒幼儿早睡早起、按时入园。

（2）"我是时间小主人。"我园将在大班下学期适当减少一日生活中的统一安排，帮助幼儿逐步学会根据自己的需要喝水、如厕，根据天气变化和活动需要增减衣物，指导幼儿做好个人生活管理，同时引导幼儿学会分类整理和存放个人物品，逐步树立时间观念。通过多种方式，引导幼儿在日常生活和游戏中感受时间，学会按时作息，养成守时、不拖沓的好习惯。

（3）"我是安全小卫士。"我园将关注幼儿自我保护意识和能力发展的个体差异，通过组织各种安全教育活动和各类安全演练活动，引导幼儿了解校园、社区、交通等环境中的安全要求，学会保护自己，学会求救的方法。

（4）"劳动最光荣。"大班的教师将和幼儿一起制定班级劳动计划并有计划地完成。鼓励幼儿自主确定任务分工，引导幼儿承担适当的劳动任务，积极参与幼儿园"大带小"（大、中班幼儿带小班幼儿）服务活动，鼓励幼儿参与力所能及的家务劳动，引导幼儿尊重身边的劳动者，珍惜劳动成果，培养幼儿良好的劳动习惯，提高幼儿的自理能力和动手能力，增强自信心，培养初步的责任感。

3. 社会准备

良好的交往和合作能力，初步的任务意识和执行任务的能力，一定的规则意识，自觉遵守各项活动规则的控制力，对集体、家乡和祖国的归属感和认同感等，都属于幼儿进入小学需要的社会准备，我们主要通过以下活动来推进。

（1）"我是大班的哥哥姐姐。"通过组织"大带小"、跨班级、跨年龄的游戏活动，为幼儿创设自由交往的机会，丰富交往经验，体验自己长大了，要上小学了，是全园最大的、非常能干的哥哥姐姐，乐意主动帮助弟弟妹妹，在帮助小伙伴的同时自己也获得更多成长。

（2）"我的游戏我做主。"引导幼儿一起选择自主游戏内容，制定游戏计划，商议游戏规则等，使幼儿自发、自主地参与游戏活动，在游戏中体验分工合作，增强规则意识，强化任务意识，培养幼儿独立完成任务的能力等。这些都有利于幼儿入学后较快适应小学的学习生活，较快融入新生活。

（3）"我是新一代小潮童。"我们将围绕潮汕文化，开展各类富有本土特色的主题活动及节庆活动，通过丰富的活动，引导幼儿感受潮汕深厚的文化底蕴，帮助幼儿在参与活动的同时体验成就感、荣誉感，激发爱家乡、爱祖国的情感，从而培养具有文化自信的新一代小潮人。

4. 学习准备

呵护幼儿的好奇心，培养其学习兴趣和基础学习能力及良好的学习习惯等，都是做好学习准备的前提，我园将从以下几方面实施。

（1）重视区域活动的开展。为学习和游戏提供充足的时间、丰富的材料，观察、发现、支持幼儿持续、深入进行探究，寻找问题的答案。

（2）"一日活动皆课程。"科学安排一日活动内容并有计划地开展一日活动。在一日活动开始前，向幼儿介绍当天的活动安排，鼓励他们说一说自己的活动计划，和幼儿一起回顾他们的计划和完成情况，分析原因并调整。鼓励幼儿尝试有计划地安排自己每日的活动。

（3）"亲亲大自然户外派对。"通过组织各种形式的户外活动，为幼儿提供广泛接触自然和社会的机会，组织幼儿围绕生活和游戏中感兴趣的事情进行讨论，分享自己的发现以及探究的过程、方法，培养幼儿求知探索的欲望和倾听表达的能力。

（4）"阅读吧""阅读沙龙"同步推进。通过开展班级"阅读吧"和家园"阅读沙龙"活动，丰富班级书吧，增加图文并茂的绘本，加强家园阅读交流等，培养幼儿的阅读兴趣和能力。

（5）"邀请小学老师助教。"大班下学期，除了教师有意识地运用文字和符号辅助幼儿记录和总结游戏的过程、想法，让幼儿感受文字符号在日常生活中的功能和意义，我们还计划邀请小学教师到园助教，教幼儿认识田字格的结构、示范正确的书写姿势等，帮助幼儿了解小学课堂的模式，激发幼儿浓厚的学习兴趣。

从幼儿园生活到小学生活，对幼儿来说是一个很大的转折点，我们幼儿园除了要深入开展幼小衔接教育活动，还将加大力度开展幼小衔接家长工作，引领家园共育。我们将通过家长会、班群互动平台、家长约见、家园联系册等方式向家长宣传幼小衔接工作的重要性，使家长们能够主动、积极地参与到此项工作中来，帮助幼儿做好上小学的各项准备。一是做好入学的物质准备，请家长和孩子一起选择适当的时间，一起购买必需的学习用品。二是饮食习惯的准备，请家长督促幼儿养成按时进餐，不挑食、不厌食，尤其是早餐要吃饱、吃好的良好饮食习惯。三是良好作息习惯的准备，培养孩子早睡早起的习惯，在大班下学期逐渐缩短午睡时间，晚饭后陪孩子一起亲子阅读或完成一些小任务。四是知识水平的准备，让家长及时了解和掌握自己的孩子在幼小衔接方面所存在的问题，准确把握自己的孩子当前的发展水平和状况，有针对性地对其进行辅导等。

（三）总结推广阶段（2023年11月至2024年9月）

我园将以幼儿入学准备工作为重点，总结试点经验，完善幼小衔接政策举措和工作机制，全力推进一系列幼小衔接活动，为幼儿入学打下良好基础，实现从幼儿园到小学的顺利过渡。

案例七：汕头市龙湖区金阳小学幼小科学衔接项目实施方案

为贯彻落实教育部《关于大力推进幼儿园与小学科学衔接的指导意见》和《广东省推进幼儿园与小学科学衔接攻坚行动方案》要求，汕头市龙湖区金阳小学在上级的指导下，积极部署实施幼小衔接试点工作，建立区域幼儿园与小学科学衔接的长效机制、幼小联合教研制度、家园校共育机制、违规办学行为治理机制，减缓衔接坡度，帮助儿童顺利实现从幼儿园到小学的平稳过渡，特制定本方案。

一、指导思想

以习近平新时代中国特色社会主义思想为指导，全面贯彻党的教育方针，落实立德树人根本任务，遵循儿童身心发展规律和教育规律，深化基础教育课程改革，建立幼儿园与小学科学衔接的长效机制，全面提高教育质量，促进儿童德智体美劳全面发展和身心健康成长。

二、工作目标

以教育部的《关于大力推进幼儿园与小学科学衔接的指导意见》为指导思想，坚持儿童为本、双向衔接、系统推进、规范管理的原则，与试点幼儿园协同合作，整合多方教育资源，家园校共育。通过建立联合教研制度，完善共育机制，加大综合治理力度，强化科学导向、规范管理，全面探究实施入学准备，推进落实入学适应教育，减缓衔接坡度，初步为儿童搭建从幼儿园到小学顺利过渡的阶梯，帮助儿童顺利实现幼小过渡。

全面推进小学一年级新生入学准备和入学适应教育，减缓衔接坡度，为儿童搭建从幼儿园到小学顺利过渡的阶梯，基本建立与试点园协同的有效机制，基本形成科学衔接的教育生态。

三、工作安排

项目推进期间做好具体方案，分年度逐步推进相关试点工作。

（一）2021年6月至2022年6月，启动筹备、先行试点阶段

建立工作领导小组，及时与结对幼儿园沟通交流，广泛听取意见，做好前期相关准备；共同研究制订幼小科学衔接具体实施方案，形成深度合作机制。

合理配置一年级教师队伍，加强教科研交流，开发幼小衔接专项课程，设置过渡性活动课程；以2021年秋季入学的一年级新生为试点年级，初步实施相关工作。

（二）2022年7月至2023年6月，积极实践、及时调整阶段

统筹各方资源，加强包容性和支持性的校园环境布置，完善图书角、活动角等设施设备；结合一年级原有课程，进一步开发适合学生生理特点和发展需求、丰富多样的活动课程，继续深化课程改革；密切关注2021级一年级新生的发展情况，加大实践力度，完善相关措施。

（三）2023年7月至2024年9月，总结经验、积极推广阶段

研究分析幼小衔接相关教育成效，形成优秀经验总结，并积极推广；听取各方反馈意见，健全工作机制，完善工作措施；形成德育、美育、劳动、活动等系列课程，构建幼小衔接相关校本课程。

四、工作要求

（一）高度重视，科学组织。学校校长室高度重视，充分认识到做好幼小衔接工作的重要性和必要性，切实把幼小衔接工作纳入基础教育课程改革中，教务处、教研室积极开展幼小衔接工作的实践，及时协调解决推进中遇到的困难和问题，统筹各方资源，确保工作做深做细做到位。

（二）加强指导，落实检查。加强统筹协调，整合专业资源，加强学校一年级教师关于幼小衔接教育工作的培训与指导，积极开展教研活动，加强幼小衔接科学研究。调整一年级相关课程与活动，丰富课外活动形式，健全科学评价机制，以创新的评价形式开展检查，创设温馨和谐的学习氛围。

（三）加大宣传，正确引导。加大社会宣传力度，利用多种媒体宣传科学做好幼小衔接的重要意义和有效途径，及时总结推广典型案例和经验做法，正确引导社会舆论导向；充分利用家长会、亲子活动、家长开放日等形式，加强宣传科学的育儿观念，引导家长自觉抵制违背儿童身心发展规律的行为，支持和参与幼小衔接工作，家园校形成教育合力，营造良好的社会氛围。

案例八：汕头市龙湖区丹霞小学幼小科学衔接项目实施方案

　　为贯彻落实教育部《关于大力推进幼儿园与小学科学衔接的指导意见》和《广东省推进幼儿园与小学科学衔接攻坚行动方案》要求，全面推进幼儿园和小学实施入学准备和入学适应教育，减缓衔接坡度，帮助儿童顺利实现从幼儿园到小学的过渡，根据广东省学前教育高质量发展实验区（汕头龙湖）幼儿园与小学科学衔接项目实施要求、《汕头市龙湖区幼儿园与小学科学衔接项目实施方案（初稿）》，我校（汕头市龙湖区丹霞小学）制定幼小衔接实施方案，具体如下。

一、指导思想

　　以习近平新时代中国特色社会主义思想为指导，全面贯彻党的教育方针，落实立德树人根本任务，遵循儿童身心发展规律和教育规律，深化基础教育课程改革，建立幼儿园与小学科学衔接的长效机制，全面提高教育质量，促进儿童德智体美劳全面发展和身心健康成长。

二、工作目标

　　全面推进幼儿园和小学实施入学准备和入学适应教育，减缓衔接坡度，为儿童搭建从幼儿园到小学顺利过渡的阶梯，我校教师及家长的教育观念与教育行为明显转变，幼小协同的有效机制基本建立，科学衔接的教育生态基本形成。

三、项目推进各阶段时间及目标

（一）2021年8月至2022年6月，课程研发阶段

建立教科研支持机制，与试点幼儿园有效衔接，共同研制课程，整合多方资源，有效实施入学适应教学。

1. 通过有效方式，培养学生良好的行为习惯、生活卫生习惯及自理能力，让孩子初步学会自己照顾自己，自己系鞋带、穿衣服、上厕所，学会整理书包等。

2. 培养学生初步的自我保护意识，做力所能及的事，碰到困难或危险时知道寻求大人的帮助。

3. 引导学生初步懂得科学运动的概念，运动时注意安全并循序渐进，疲劳时注意休息，饭前饭后不做剧烈运动。

4. 培养学生初步的自我管理能力，学会遵守学校的作息制度。

5. 通过设置游戏活动，培养学生的交往能力，学会大胆与人交流。

（二）2022年7月至2023年10月，实施实践阶段

1. 进行基础训练、强化训练、迁移学习和拓展生活，教学内容从易到难，让孩子循序渐进地提升。

2. 通过体育游戏、形体舞蹈、美育课程等，提高学生动作发展、肢体协调等能力，培养学生的艺术素养。

3. 通过语文、数学游戏等活动，激发学生对学习的兴趣，引导其积极主动参与各种课程活动，提高学生的语言能力和学习能力。

4. 通过各类主题活动，提升学生的综合素养及各种能力。

5. 培养早期阅读能力。

（三）2023年11月至2024年9月，形成课程阶段

1. 梳理总结试点工作经验，形成课程，健全机制。

2. 研究分析入学准备和入学适应教育成效，在前两年探索、实践的基础上，形成各类幼小科学衔接课程，包括游戏课程、德育课程、

益智课程、诵读课程、美育课程、体育课程、劳动课程等。健全工作机制，加强幼儿园和小学深度合作，提高入学准备和入学适应教育的科学性和有效性，健全联合教研制度。

3. 形成一系列过程性资料和总结性资料，更加具体科学地指导后续的幼小衔接工作。

四、投入保障

（一）领导重视，制度保障。

（二）提供强有力的资源保障。

（三）参与此项目人员的时间保障。

（四）对于资料设备、科研手段、师资培训等方面所提供的经费保障。

五、预期成果

（一）在"双向衔接"政策的推动和实施下，初步形成"幼小衔接"的科学模式。

（二）在专家引领和课程实践中，一年级老师成为"幼小互通型老师"，力求使幼小衔接从"高坎"变成"缓坡"，帮助学生顺利实现从幼儿园到小学的过渡。

（三）建立较完善的家园校共育机制，家长与幼儿园、学校成为合作伙伴，有效促进幼小衔接工作。

第三章

入学准备教育案例

在开展幼小衔接项目的过程中，各园校产生了优秀的入学准备教育案例，其中部分案例获得优秀奖项，因而在此进行案例分享。

幼小衔接入学准备教育案例一

案例名称：幼小协同巧融合　科学衔接助成长

撰稿人：汕头市龙湖区童心同梦幼儿园（方晴、史晓媛、陈婷）

一、活动总目标

1. 深入贯彻《幼儿园入学准备教育指导要点》《幼儿园教育指导纲要（试行）》《3—6岁儿童学习与发展指南》的指导精神，提高教师团队的幼小衔接意识。

2. 建立幼小协同合作的长效机制，坚持双向奔赴、科学衔接，全面提高教育质量，促进幼儿能力综合发展和身心健康成长。

3. 整合教师教科研、幼儿园与小学统筹联动、家园社共育等多方教育资源，坚持系统推进幼小衔接的途径。

4. 建立动态监管机制，纠正和扭转幼儿园和小学违背儿童身心发展规律的做法和行为，引导家长自觉抵制违背儿童身心发展规律的行为，支持与参与幼小衔接工作，形成良好的社会氛围。

5. 以省级课题"幼儿园生活化艺术教育园本课程的构建与实施"为推手，在一日生活和日常游戏中，融合幼小衔接活动理念，全方位提高幼儿的素养和能力。

6. 帮助幼儿养成良好的学习习惯和生活能力，培养独立思考、乐于动手的能力，建立规则意识和任务意识。

7. 通过多种途径帮助幼儿了解小学生活，激发幼儿上小学的兴趣和愿望，对升学具有积极的情感体验。

二、入学准备内容

（一）心理上的多重准备

1. 走进小学，感受小学生的学习生活，感受小学校园文化及环境等，做好充分的心理准备，增强幼儿的心理安全感。

2. 邀请金湾学校的老师每周定期走进幼儿园课堂，向幼儿介绍小学的基本情况与一年级的相关活动，帮助幼儿零距离感受小学课堂模式。

3. 邀请在童心同梦幼儿园毕业的一年级小学生回园与大班幼儿进行经验分享与互动式对话。

（二）习惯上的充分准备

1. 生活习惯的准备。通过认识时钟、日历，感受一分钟的时长，以及幼儿在幼儿园的一日生活，增强时间观念；调整幼儿园作息时间，与小学作息时间接近；认识学具，整理书包；学习扫地，整理物品。

2. 学习习惯的培养。每天布置一个小任务，让幼儿在老师和家长之间传递口信；挂牌值日，让幼儿明确值日任务、责任；每周开放游戏馆一次，让幼儿在游戏馆中自选角色，自述角色任务。

3. 有意注意的重点培养。家园皆可通过一些游戏对幼儿进行培养，例如我说你做、接龙游戏、语言模仿秀、指令游戏等。

（三）学习上的有效准备

1. 学习兴趣的培养。对幼儿在家和幼儿园的各种学习过程给予欣赏性鼓励，幼儿有点滴进步都要及时支持、赞赏，让幼儿在老师和家长那里获得愉快的情感体验，对学习充满兴趣。

2. 书写姿势要正确。家庭和幼儿园的要求要一致，培养幼儿平时画画、书写时的正确坐姿，坚持做到眼离书本一尺长、胸离书桌一拳头、手离笔尖一寸远。

3. 按要求练习前书写，开展汉字游戏、有趣的汉字等活动。

4. 创设家园亲子共读、幼儿独立阅读的环境，合理安排阅读的时间。

5. 社会交往能力的提高。小学是一个更加独立、自主、复杂的生活空间，培养幼儿的交往能力，使幼儿具有良好的品质，对幼儿愉快、顺利地开展小学新生活有着极其重要的作用。因此，从幼儿入园起，教师便要有意识地通过有趣的故事、榜样人物、自主游戏等多种方式培养孩子真诚、善良、热情、守信的美好品质。幼儿进入大班，幼儿园的日常"大带小"活动、园本特色课程自主游戏活动、幼小衔接主题系列活动等，便要有针对性地促进幼儿的社会性等多方面的发展。例如每周定期开展的园本特色课程自主游戏活动，是以每班一个主题开展的游戏馆，幼儿进行跨班界的多种角色体验，幼儿在自由交往的环境中与不同年龄段的新伙伴交往，学会照顾弟弟妹妹，在自主游戏的愉快体验中学会面对问题、解决问题，成为一个乐于交往和善于交往的人，进而提升多方面能力。

童心同梦幼儿园是广东省粤港澳大湾区青少年重点项目——"童心同梦"汕港幼教交流合作项目基地。多年来，汕港两地组织了多项交流活动，两地师生建立了良好的交流合作关系，我们将鼓励大班幼儿及家庭积极参与两地交流活动，更好地传播中华优秀传统文化及社会主义核心价值观，培养根的归属感。

（四）环境上的合理准备

1. 创设温馨舒适的生活环境。

2. 利用幼儿园大环境与幼儿互动，开展日常生活化艺术教育，如"我与秋天的约会""童阅读书节"等活动。

3. 进行"我要上小学了"系列主题环境创设。

（五）感恩教育暖心准备

1. 开展劳动节相关主题活动，学会感恩身边的人的辛苦付出。

2. 参加毕业主题系列活动，拍摄毕业照、创意小组照，学习毕业歌，朗诵毕业诗，参与毕业典礼等活动，增强团队合作意识，学会表达感恩之情。

三、童心同梦幼儿园幼小衔接课程活动设计

我们上大班啦：
1.潮童初探侨批
2.我是大班哥哥姐姐
3.成长的快乐
4.我的心愿

我们的名字：
1.姓氏大调查
2.姓名大变身
3.班级姓氏大统计
4.姓名的由来
5.我的姓名创意画
6.独一无二的我

迎新冬运会：
1.运动项目大调查
2.运动打卡表
3.设计冬运会会徽
4.设计运动打卡表
5.制作运动号码牌
6.潮童欢乐跑
7.潮童大闯关
8.足球嘉年华
9.年级运动会

我是时间小主人：
1.认识时钟
2.认识整点半点
3.一分钟挑战
4.我设计的手表
5.我的一日计划

向往入学　　交往合作
情绪良好　　诚实守规
喜欢运动　　任务意识
动作协调　　热爱集体

身心准备　社会准备

我要
上小学

学习准备　发展准备

好奇好问　　生活习惯
学习习惯　　生活自理
学习兴趣　　安全防护
学习能力　　参与活动

我的小书包：
1.书包的秘密
2.书包小调查
3.我设计的书包
4.爱护书本小妙招
5.文具盒大揭秘
6.文具安全我知道
7.自理能力大比拼

童心潮集市：
1.小集市大管家
2.潮童小导游
3.雅园记者团
4.秩序引导员
5.小小非遗传承人

潮童趣劳动：
1.小菜园除草行动
2.金凤花树长高了
3.值日小当家
4.致敬最美劳动者

"字"从遇见你：
1.寻找汉字足迹
2.汉字的故事
3.玩转汉字
4.我的身体会写字

认识小学：
1.小学课程大调查
2.走进小学
3.小学课堂体验
4.上学大讨论
5.课间十分钟
6.我的课间计划
7.课程表
8.幼儿园小学辩论赛
9.小学生的一天
10.对话小学哥哥姐姐

我们毕业了：
1.毕业倒计时
2.毕业前我想做的
　十件事
3.军训
4.繁星之夜
5.毕业画展
6.毕业晚会

幼小衔接课程设计

典型活动案例1：大班综合活动 "神秘的舞会"

一、设计意图

《儿童3—6岁学习与发展指南》中关于大班幼儿阅读与书写的准备目标指出："对图书和生活情境中的文字符号感兴趣，知道文字表示一定的意义。"升上大班以后，幼儿对自我的认知能力、与同伴的交往能力逐步增强，通过开展传统文化课程"百家姓"主题以及"汉字"游戏馆等活动，幼儿对同伴的姓名也从日常生活中的听说逐渐过渡到对文字的认识。遵循"学习内容生活化、学习形式游戏化"的原则，本次活动选取"姓氏"为切入点，将游戏与故事相结合，通过营造一个自由、宽松的语言交往环境，用多种形式让幼儿自主表征对多种姓氏的认识，从而激发幼儿对汉字的兴趣，提高幼儿对汉字的感知力。

二、活动目标

1. 了解故事内容，初步感知姓氏的趣味性，感受中国汉字的魅力。

2. 能够用不同的艺术创作形式制作姓氏邀请卡，掌握一定的前书写技能，充分表达自我。

3. 能积极参与活动，对学习汉字感兴趣。

三、活动准备

1. 经验准备：幼儿知道名字是由姓和名组成，同时知道每个人都有自己的姓氏，认识部分汉字，有参与姓名卡的创作经验。

2. 物质准备：故事PPT、平板电脑、笔、记录单、垫板、姓氏汉字、刮画纸。

四、活动重难点

1. 活动重点：通过故事初步感知姓氏的趣味性，感受中国汉字的魅力。

2. 活动难点：认识多个姓氏汉字，运用不同的艺术创作形式制作姓氏邀请卡。

五、活动过程

（一）畅读故事，激发兴趣

1. 以音乐游戏《识字歌》导入，激发幼儿的学习兴趣。

音乐游戏《识字歌》

2. 故事讲述《爸爸的同事》

老师：小朋友在故事的封面上观察到了什么？

幼1：上面出现了一个爸爸和一个小孩，他要跟着爸爸去上班。

幼2：我看到上面有一些动物的影子，有鹿、有牛、有马。

老师：这些动物和爸爸的同事又有什么关系呢？

老师：为什么说爸爸的同事不是动物呢？为什么我会误会呢？

幼1：因为他们穿着动物的衣服。

幼2：因为他们有手、有脚，穿着鞋子。

幼3：他们都是人扮演的，他们不是动物。

出示绘本封面　　　　　　　　　　　《爸爸的同事》故事讲述

（二）姓氏揭秘，感知奥妙

1. 联系生活，姓氏拓展：结合幼儿自己的姓氏进行分享。

老师：原来他们真的不是动物，他们姓吴、杨、余、苟……小朋友，你们姓什么呢？

幼1：我姓吴。

老师：你跟爸爸的同事一样都姓吴呀！

2. 小组互动：通过小组竞赛对小组姓氏进行统计。

姓氏揭秘，感知奥妙　　　　　　　　姓氏配对游戏，感知奥妙

（三）暖心互动，自主创作

1. 幼儿讨论，引导幼儿思考可以用什么方式获得被邀请人的姓氏汉字。

老师：如果你不认识被邀请的老师姓什么，可以怎么办呢？

幼1：我们可以去问她。

幼2：可以请她帮我们写下来。

幼3：我可以使用平板电脑记录。

2. 幼儿分组操作。幼儿采访老师，问老师的姓氏，认识姓氏汉字并选择自己喜欢的方式制作邀请卡。

暖心互动，自主创作　　　　　　　幼儿自主设计姓名牌

A.姓氏调查：通过采访他人，询问姓氏，认识不同的姓氏汉字。

B.姓氏创意设计：选择姓氏设计邀请卡。

（四）同享欢乐，传递美好

1. 幼儿分享设计邀请卡。

2. 教师小结。

3. 邀请舞伴共同参加舞会。

同享欢乐，传递美好　　　　　　　　　幼儿作品展示

六、活动延伸

1. 将幼儿姓氏作品用于班级环境创设，并分发调查表，请幼儿回家统计家人的姓氏。

2. 将本次活动所使用的操作材料投放至教室的语言区，鼓励幼儿进一步探索姓氏、名字。

3. 幼儿了解姓氏相关典故，尝试记录或创编故事并在班级展示。

姓氏的艺术创作

家庭姓氏大调查　　　　　　　　　班级姓名大调查

七、活动反思

本次活动以汉字歌为活动导入，激发幼儿的兴趣，活动选取"姓氏"为切入点，将游戏与故事《爸爸的同事》相结合，通过爸爸的工作和他的同事们，带领孩子们了解有趣的姓氏和出版社的工作，培养孩子们的观察力和逻辑思维能力，营造一个自由、宽松的语言交往环境，用多种形式让幼儿自主表征对多种姓氏的认识，从而激发幼儿对汉字的兴趣，提升孩子的阅读能力。在活动当中引出"封面的影子与爸爸的同事有什么关系？""爸爸的同事真的是动物吗？""为什么我会误会呢？"等问题，让幼儿自主、自发地进行观察、讨论、分享，共同找出问题的答案。但在活动过程中给幼儿讨论的次数不够多、时间不够长，比较急于为幼儿解答，在接下来的活动中要多与幼儿一起探讨更多有启发性的问题。利用调查表与幼儿日常使用的平板电脑，让幼儿去询问自己要邀请的舞伴的姓氏，让幼儿更深层次地感知姓氏的趣味性，感受到中国汉字的魅力，并通过设计姓氏邀请卡的形式，让大班幼儿的前书写、控笔能力得到进一步的提高，同时对幼儿坐姿、握笔姿势等学习习惯进行渗透性培养，获得较好效果。通过本次观摩活动，我们对做好幼小衔接工作有了进一步探索，在接下来的活动中我们将秉持初心，在反思中看见发展中的每一个孩子，也在反思中努力看见成长中的自己。

典型活动案例2：大班综合活动"'我的一日计划'主题海报"

一、设计意图

为贯彻落实《3—6岁儿童学习与发展指南》《幼儿园教育指导纲要（试行）》精神，活动的设计主要从大班孩子的年龄特点出发，培养孩子自立、自主、自觉、自律的意识，激发孩子的思维，在生活中、游戏中了解一日活动的内容和计划。通过制定"我的一日计划"，引导孩子运用绘画和书写的方式来表达对时间和事项的理解，锻炼前书写能力，增强时间观念，学会规划和管理时间，使孩子在积极的情感体验中提高想象力和创造力，提高审美意识和能力。

二、活动目标

1. 了解"一日计划"主题海报的内容和作用，学习设计制作海报的要素。

2. 能运用图文、线条等创作设计"我的一日计划"主题海报。

3. 增强时间观念，培养规划一日活动和管理时间的意识，体验与同伴合作完成制作海报的快乐。

三、活动准备
（一）环境准备

教室；一体机、电脑、手机各一台；音响、音频；PPT。

（二）知识准备

认识各个区域的名称以及小伙伴的姓名。

（三）经验准备

知道区域活动的规则，能绘制简单的图案，具有初步的前书写经验。

（四）物质准备

1. PPT课件（一日活动）。

2. 空白的计划表1张（里面设置有活动的日期、区域、人物字卡）。

3. 夹子若干、桌子7张、桌布3张、厚白纸、卡纸、彩铅、水彩笔、马克笔、剪刀。

4. 幼儿的座号卡19个。

5. 区域名字卡6个。

6. 任务卡19张（里面写着日期、标题、小朋友、美工区、数学区等字样）。

7. 幼儿操作的音乐、整理的音乐。

四、活动过程

（一）情境导入

播放小朋友们的一日活动PPT。

教师：小朋友们，我们平时在幼儿园一天的时间里都参加了哪些活动？

幼儿发言并在老师的引导下用粉笔简单画出活动事项。

教师：今天我们来制作一张"我的一日计划"主题海报！

（二）启发幼儿思考"我的一日计划"的内容

教师：我们在幼儿园一天的生活有多少项目？

幼儿畅所欲言：有晨间活动、区域自选活动、生活活动、户外活动、学习活动……

教师：如果把它们放进"我的一日计划"打卡表当中，要怎样才

能让大家一看就明白呢？（出示空白的一日计划表）

教师：制作一张 "我的一日计划" 主题海报需要什么内容呢？

小朋友们根据自己的经验思考并讲述制作 "一日计划" 需要的几项要素：时间、活动项目、代表人物的头像。

小结：我们在幼儿园活动的时间有5天，分别是星期一到星期五，我们每天的活动都不相同，分别是……（根据幼儿的讨论结果，教师把幼儿的答案用文字粘贴在空白的表格当中）

小结：一张完整的 "我的一日计划" 主题海报需要海报的名称、日期、活动项目、小朋友头像等要素。

（三）教师带领幼儿制作海报

1. 教师对材料进行展示和介绍。

教师：老师准备了三份材料，请小朋友们根据自己感兴趣的环节进行设计，合作设计属于自己的 "我的一日计划" 主题海报。

材料一：制作一日活动流程时间（星期一到星期五），设计时间卡牌（5人）。

材料二：画出一日活动项目，将刚刚讨论的活动项目画下来。对 "我的一日计划" 主题海报进行装饰，然后进行分享和展示（5人）。

材料三：制作头像或姓名，画出幼儿头像并裁剪后进行设计（6人）。

2. 幼儿领取任务卡在小组里面讨论，教师倾听并引导幼儿操作。（播放轻音乐）

教师：现在，请小朋友到板上领取一张任务卡，领到相同任务卡的小朋友就坐到一起，讨论如何分工合作完成你们这一组的任务。

教师重点指导幼儿如何进行分工和最后作品的呈现。

3. 幼儿将制作好的 "我的一日计划" 要素布置到表格当中。（幼儿操作后及时有序地将操作工具整齐地放回条柜）

（四）分享、欣赏作品

1. 一组幼儿讲述自己参与创作的过程和感受，分享学习的乐趣。

2. 一组幼儿商议如何分工完成作品。

3. 一组幼儿讲一讲怎样阅读完整的"我的一日计划"主题海报。

（五）小结

今天，小朋友们都非常厉害，学会合作、分工，制作"我的一日计划"主题海报，我们可以在日常的学习生活中按照计划来打卡参加活动，科学合理地安排一天的活动。一会儿我们把海报设计的内容和其他小朋友们一起分享吧。

（六）活动延伸

观看视频：

1. 生活准备

一日生活中注重幼儿从每一件小事做起，鼓励幼儿做力所能及的事情；在自我服务和劳动锻炼中，增强自我服务意识，提高生活自理能力，养成良好的生活卫生习惯。

A.自我服务、自理能力：叠衣服、叠被子。（全体幼儿）

B.集体服务：值日生工作、叠挂毛巾、发筷子。（部分幼儿）

2. 身体准备

为幼儿提供有趣、灵活多样的体育活动，鼓励幼儿积极参加户外活动，保证充足的户外游戏和体育活动时间。

A.体能大循环、足球活动。（第一、二组幼儿）

B.自选器械：颠球、投壶、绒球、飞盘。（第三、四组幼儿）

3. 学习能力准备

呵护幼儿的好奇心，接纳、鼓励幼儿去观察、思考、探究和反思，及时指导幼儿；为幼儿提供充足的时间、丰富的材料，支持幼儿持续、深入学习。

A.孩子在各区域的活动，重点展示前书写阅读区、数学区经典蒙氏工作和建构区合作的活动镜头，凸显孩子专注、主动操作的学习过程。（第一、二组幼儿）

B.户外写生、书法活动。（第三、四组幼儿）

C.合作创作长卷画、艺术走廊主题画，开展围棋活动。（第一、二组幼儿）

D.春天音乐会、鼓乐队、小歌会等，凸显创造力、想象力、表现力等方面能力。（第三、四组幼儿）

4. 社会准备

营造良好的社交氛围，鼓励幼儿与他人交往合作，在合作游戏中与不同的幼儿交流，从而提高幼儿的社会交往能力。

班级野餐等活动中孩子之间的合作分享、"大带小"活动等体现合作规则、文明礼仪等。

一日活动设计

幼儿自主操作

幼儿作品分享

作品展示

幼儿畅所欲言

分享"我的一日计划"

幼小衔接相关环境创设：

汉字游戏馆相关环境创设

"我的姓名"主题墙

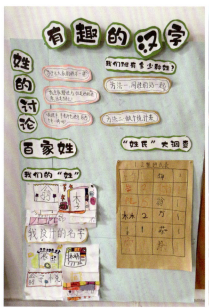

"有趣的汉字"主题墙

班级阅读区创设

幼小衔接入学准备教育案例二

案例名称：营锣鼓　趣味在

撰稿人：汕头市龙湖区长江幼儿园（翁纯丹、刘震玫、郑捷旌）

一、活动背景

（一）游戏缘起

《幼儿园入学准备教育指导要点》提出："幼儿园应充分理解和尊重幼儿的学习方式和特点，把入学准备教育目标和内容要求融入幼儿园游戏活动和一日生活，支持幼儿通过直接感知、实际操作和亲身体验等方式积累经验，逐步做好身心各方面的准备。"如何在幼儿园一日活动中开展游戏、实践游戏，是我们一直思考探索、深入研究的问题，也是科学实施幼小衔接活动的重要途径。

我园紧扣"潮汕文化"园本课程，坚持儿童为本，以游戏为基本活动，关注儿童发展的连续性、整体性和可持续性，尊重儿童的原有经验和发展差异，在自主游戏方面进行了大胆的尝试和探索，帮助儿童做好身心全面准备和适应，有效帮助幼儿减缓入学坡度。我们选择幼儿喜闻乐见的潮汕民俗活动作为游戏主题，为孩子们创设多个充满童趣又富有"潮味儿"的自主游戏馆，开展丰富多样的自主游戏。我们开展的自主游戏活动是和潮汕文化建设一脉相承的，小朋友们喜欢在潮剧馆中当小演员，喜欢在潮工坊中制作形态各异的英歌脸谱……自主游戏以其特有的魅力吸引着每一个孩子，满足不同孩子的个体需要，提升了孩子们的交往能力及探索精神，也是科学实施幼小衔接活动的重要途径。

在潮汕地区，逢年过节，就会举办大型营锣鼓活动，包括舞龙舞狮、蜈蚣舞、跳英歌舞等表演。我们尝试把潮汕民俗文化与幼儿园的自主游戏结合起来，将潮汕民俗有机地融入幼儿园的自主游戏，并寻找两者的交汇点，力图构建本土化自主游戏，通过游戏培育文雅有序、自信有爱的新一代小潮童。

（二）游戏条件

1. 游戏环境

（1）创设"营锣鼓"自主游戏馆，提供适宜的游戏场地。

（2）打造游戏主题氛围，陈列潮汕民间舞蹈各个舞种的道具。

"营锣鼓"自主游戏馆环境准备

（3）用绘画或剪贴等方式制定游戏规则、游戏计划、游戏表征。

2. 游戏材料

（1）收集潮汕民间广场舞视频、照片等素材若干。

（2）收集纸箱、绸布、木棍、木片、绒球、纸、笔、剪刀、固体胶、超轻黏土等材料若干。

（3）自制潮汕民间广场舞道具：龙、虎狮、鲤鱼、布马、英歌棒等。

幼儿自制游戏材料

幼儿展示自制游戏道具

二、活动过程实录

环节一：我知道"营锣鼓"

1. 过程实录

冬日暖阳，幼儿园活动室里锣鼓喧天，原来是小朋友们在欣赏"营锣鼓"视频。有的说："狮头鹅脖子碰脖子，相亲相爱真有趣。"有的说："布马在跳舞，摇头晃脑的。"有的说："舞龙舞狮表演很威风。"

大家也想来表演。这时，孩子们提出问题："表演需要道具。我们用什么材料来制作道具呢？怎么做呢？"他们对各个角色仔细观察后，踊跃讲述自己的想法：用纸箱制作布马，用纸盘来画英歌脸谱……想法得到老师的支持后，孩子们开始行动。收集游戏需要的纸箱、布料等，分组合作制作。布马组的小朋友用纸箱做布马的身体，但问题来了："布马的头部要怎么做呢？"当孩子发现用纸来包椭圆形头部时，纸很容易裂开。这时，有同伴发现了纱巾，就用纱巾包棉花，贴上眼睛，一只可爱的布马就做成了。狮头鹅组的小朋友也找来了绒球、皮筋，缝一缝，做成了可爱的狮头鹅。英歌组的小朋友用纸盘、颜料绘制成多彩的英歌脸谱。活动中，小朋友们一起合作，画、贴、剪……表演的道具很快就做好了。

2. 观察思考

孩子们在老师的鼓励和引导下，结合自己对潮汕民间舞蹈的认知，大胆想象和创作，体验合作的喜悦。这些表演道具不仅从不同的层面展示了幼儿的观察力、理解力和想象力，而且在制作过程中幼儿的情感表达能力得到提升，加深了幼儿对潮汕文化的理解和喜爱。

教师为幼儿提供充足的游戏材料，不断创造机会和条件，支持幼儿自发地交流、表现和创造，让幼儿敢于并乐于表达、表现。

幼儿自制游戏材料

环节二："营锣鼓"初体验

1. 过程实录

龙、狮子等游戏道具制作完成了！先来学习怎样操作，如：一个孩子拿着龙头的手把，龙身和龙尾由几个孩子抓着，大家听口令，跟着节拍一起尝试把龙舞动起来。在排练时，孩子们遇到了一系列的问题，针对问题，师幼积极探讨，寻求解决问题的办法。

问题1：舞龙舞狮需要多少人？其他表演队伍呢？

解决办法：龙的身体比较长，可以4~5人合作表演。其他小组也一样，表演前要先做计划，确定人数，用投票、猜拳等方法来选择表演的角色和队伍。

幼儿用铅笔记录游戏过程

幼儿用彩笔记录游戏过程

问题2：有的小朋友速度太快，英歌棒敲打到别人了。

解决办法：手拿英歌棒，棒在哪个方向，眼睛就要往哪个方向看，跟着节奏做。

......

孩子们针对练习中出现的问题，进行讨论、练习，不断改进，还为表演配上音乐，创新动作。在进行游戏前计划和游戏后分享时，小朋友用绘画、写数字等方式来记录自己的想法，根据已有经验，用简单的图形表现游戏角色、道具的特征。

2. 观察思考

在此环节，幼儿在反复尝试与调整的过程中，表演能力和合作能力逐步得到提高，思考和动手操作能力、前书写能力也得到锻炼，游戏的表征能力也得到相应的发展。虽然小朋友在游戏中操作道具时手酸、脚酸，可是他们没有气馁，活动的热情高涨。老师在游戏中抓住幼儿感兴趣或有意义的问题情境，及时给予有效支持，尊重并回应幼儿的想法与问题，支持和拓展孩子们的学习，促使他们对此游戏保持浓厚的兴趣。

环节三："营锣鼓"，趣味在

1. 过程实录

学会了各种表演，小朋友们特别想表演给全园小朋友看，大家热烈地讨论着。

问题："什么时间表演？""怎么约弟弟妹妹来观看表演呢？"

答案："户外活动时间就可以表演。""自主游戏馆开放时间可以表演。""在操场上、小花园里等表演都很不错。""我们可以制作一张宣传海报。"

随后，孩子们一起制作了宣传海报，约上弟弟妹妹来到操场和小花园观看表演。在热闹的潮汕大锣鼓的伴奏下，孩子们挥动手中的道具，配合默契，从操场巡游到走廊、小花园等。只见龙头忽高忽低，狮头上下摆动，舞龙舞狮队伍时而变成一个圆圈，时而穿插行进；表演英歌舞的小朋友挥动木棍，时而敲打，时而翻转；鲤鱼舞、双咬鹅舞等也轮番上阵表演，精彩极了。

游戏过程

2. 观察思考

在这个游戏环节中，孩子们在其他小伙伴面前，表现得大胆自信、活泼自主。《3—6岁儿童学习与发展指南》指出："幼儿园要利用民间游戏，适当地向幼儿介绍我国主要民族的民族文化，帮助幼儿感知文化的多样性和差异性。"潮汕传统民俗具有浓厚的趣味性和娱乐性，将潮汕民俗文化融入自主游戏，可以在轻松的游戏中激发幼儿对本土文化的自信与热爱，赋予游戏更大的教育意义，也促进同伴之间的合作，提高交往能力，为幼小衔接做好人际关系的准备。

环节四：我喜欢"营锣鼓"

1. 过程实录

在一次次的"营锣鼓"自主游戏中，小朋友们的动作、队形的变化等配合得越来越默契，音乐的节奏感也越来越强。每次游戏，舞龙舞狮小队员们就会装扮好闪亮登场，小观众们为表演送上热情的掌声和赞叹——"舞龙舞狮的哥哥好威风啊！""哥哥姐姐骑着布马，好好玩。"巡游队伍中的小队员们看到小朋友们的热情反馈，非常开心，热情地邀请弟弟妹妹一起游戏，手把手地教他们简单的动作。游戏结束后，小朋友们进行自评，记录精彩瞬间，老师协助孩子们用文字记录游戏体验，让下一次游戏更加完美。

2. 观察思考

快乐的游戏过程，还有来自小伙伴们的点赞和积极的自评，使孩子们越来越自信。游戏评价使孩子们更能清晰地表达自己的想法和情感，积累更多的经验，促进主动学习、实现目标。孩子们在游戏中感受到了合作的意义和集体的强大力量，游戏中老师还特别鼓励大班哥哥姐姐带弟弟妹妹一起玩，激发幼儿照顾弟弟妹妹的情感，为大班幼儿进入小学做好身心等方面的准备。

游戏过程及记录一

游戏过程及记录二

三、总结与反思

　　"营锣鼓"游戏富有潮汕本土文化特色，非常符合幼儿的生活经验和发展需求。根据孩子们已有的经验，我们提供了适宜游戏的环境和条件，和孩子们共同做好充分的游戏准备。在游戏过程中幼儿能充分发挥主观能动性，自发、自由、自主地参与游戏。随着游戏的深入开展，幼儿的一些社会性行为得到发展，他们通过合作表演，体验同伴之间沟通协商、合作游戏的快乐。游戏后的评价也是本游戏的重点，孩子们的想法很多，他们不仅能尝试用绘画、数字、符号、文字等进行游戏设计，还能对游戏过程进行评价，恰当地进行记录、表达表征，制作成"小书"等，对游戏不断进行反思和调整，学习能力、动手操作能力、社会交往能力等均得到很好的锻炼。游戏过程中教师用心倾听并真实记录幼儿的想法和体验，带领孩子们一起分享总结游戏中需要改进、调整的问题，促进每位幼儿在原有水平上得到提高，帮助幼儿实现从幼儿园到小学的顺利过渡。

幼小衔接入学准备教育案例三

案例名称：科学衔接　助力成长

撰稿人：汕头市龙湖区正雅幼儿园（陈苪、李丹、李沛锨、李佳汶、马珠莉）

幼小衔接是幼儿园与小学两个教育阶段平稳过渡的教育过程，也是幼儿成长过程中的一个重大转折。2021年，教育部印发了《关于大力推进幼儿园与小学科学衔接的指导意见》，要求全面推进幼儿园和小学实施入学准备和入学适应教育，减缓衔接坡度，帮助儿童顺利实现从幼儿园到小学的过渡，为幼儿园与小学做好衔接工作指明了方向，附件《幼儿园入学准备教育指导要点》和《小学入学适应教育指导要点》分别对幼儿园的入学准备教育和小学的入学适应教育提出了具体、可操作的指导。作为幼小衔接实验园，为切实帮助幼儿科学做好进入小学的准备，汕头市龙湖区正雅幼儿园深入贯彻落实《幼儿园教育指导纲要（试行）》《3—6岁儿童学习与发展指南》以及《关于大力推进幼儿园与小学科学衔接的指导意见》精神，尊重幼儿身心发展规律和特点，将入学准备教育有机渗透于幼儿园三年保育教育工作的全过程，全面做好入学准备和入学适应教育工作，帮助幼儿做好身心准备、生活准备、社会准备、学习准备，实现从幼儿园到小学生活的从容过渡。

一、要解决的问题

1. 做好幼儿入学准备教育，使幼儿建立对小学生活的积极期待和向往。教师应树立科学衔接的理念，在大班有针对性地帮助幼儿做好身心、生活、社会和学习等多方面的准备，防止和纠正把小学的环境、教育内容和教育方式简单搬到幼儿园的错误做法。

2. 消除家长在幼小衔接方面的焦虑与担忧，帮助家长树立正确的育儿观念，引导家长积极配合做好衔接。幼儿园要在上级有关部门的统筹协调下，强化科学导向，帮助家长认识过度强化知识准备、提前学习小学课程内容的危害，形成良好的教育生态，确保儿童身心健康成长。

3. 加强幼儿园与小学的衔接，改革一年级的教育教学方式，减缓衔接坡度，建设高质量教育体系，促进儿童顺利过渡。幼儿园要不断深化教育课程教学改革，加强与小学的衔接，建立联合教研制度，完善共育机制，建设高质量教育体系，切实解决好幼小衔接问题。

根据上述文件精神和本园实际情况，我们设计了大班幼小衔接综合主题活动——"我要上小学"。从与孩子一起交流入学前的感受入手，收集孩子们关于小学生活的问题，围绕社会交往、自我调控、规则意识、专注坚持等进入小学所需要的关键素质，开展一系列活动。同时，通过家园校共育、建立幼小协同机制等，推动家园校合作共育，为幼儿进入小学做好身心、生活、社会和学习等多方面的准备，培养幼儿良好的生活习惯和学习习惯，使幼儿顺利从幼儿园过渡到小学的学习生活。

二、活动方案总体目标

1. 深入贯彻《关于大力推进幼儿园与小学科学衔接的指导意见》《幼儿园入学准备教育指导要点》精神，强化教师团队的衔接意识。

2. 支持幼儿通过直接感知、实际操作和亲身体验等方式积累经验，将身心准备、生活准备、社会准备和学习准备等方面有机融合和渗透，实施有针对性的入学准备教育。

3. 通过组织幼儿参观小学、邀请小学的哥哥姐姐介绍小学生活等多种途径帮助幼儿了解小学生活，使幼儿对升学具有积极的情感体验，激发幼儿对小学生活的向往之情。

4. 建立幼小协同科学机制，加强与家长的沟通，推动家园校共育，形成合力。

三、幼儿前期经验

1. 幼儿通过在幼儿园三年的学习生活，采用亲身体验、感知操作等不同方式，已获得后续学习的基础性经验。

2. 在大班下学期，通过观看个人成长视频、欣赏照片等，引导幼儿回望自己在幼儿园期间的成长历程，真切、直观地感受到自己如何从一个来园时哭鼻子、吃饭时不会使用调羹的小班小朋友，成长为一个能够轻松融入幼儿园生活的大班小朋友。

3. 幼儿已建构积极的自我概念，体验到成长的快乐，形成面对未来生活的自信心。

四、各项活动准备

1. 成立幼小衔接工作领导小组，明确责任，分工到人。

2. 加强教师对幼小衔接相关理论的学习，建立联合教研制度，完善共育机制，通过培训、讨论、研讨等形式，全面做好入学准备和入学适应教育工作。

（1）认真学习《幼儿园教育指导纲要（试行）》《3—6岁儿童学习与发展指南》以及《关于大力推进幼儿园与小学科学衔接的指导意见》，深入了解幼小衔接的目的和任务。

（2）结合各班幼儿的发展特点、学习兴趣，在一日生活的各个环节中渗透幼小衔接的工作方法，全面展开"幼小衔接"活动。

（3）组织大班教师与小学一年级教师进行分享交流，将自己积累的关于幼小衔接互动指导策略的经验进行分享。

3. 邀请专家到园所举行讲座，解读教育部《关于大力推进幼儿园与小学科学衔接的指导意见》的内容。同时，通过专家答疑解惑，帮助家长消除在幼小衔接方面的担忧与困惑。专家与家长共同探讨孩子在生活、学习、能力等方面存在的问题，使家长对幼小衔接的整体工作有更全面的了解，能够主动配合幼儿园，积极参与到此项工作中来。

五、活动设计

主题活动

活动一：小学初印象
活动二：我的小学研学计划
活动三：参观小学
活动四：丰富的小学生活

活动八：从我家到小学
活动九：文具总动员
活动十：写字的方法我知道
活动十一：整理小书包
活动十二：竞选小班长

我心中的小学　　　　　成为小学生

我要上小学

小学生活万花筒　　　　未来的小学

活动五：对话小学生
活动六：美好的课间
活动七：幼儿园vs小学

活动十三：小学入学指南
活动十四：勇敢者之夜
活动十五：我们的小学生宣言
活动十六：我心中未来的小学

"我要上小学"主题活动

区域规划

区域布置
各种材质与颜色的乐高积木或其他材料，请幼儿搭建小学，鼓励他们表现出小学不同特征。

区域布置
全班幼儿的集体合照若干张；水彩笔、各色吹塑纸、A3大小的白纸、剪刀、胶棒等材料。

构建活动区　　美工活动区
角色活动区　益智活动区　语言活动区

区域布置
模拟小学教室布置的一角，摆放粉笔、小黑板，扮演老师、学生。

区域布置
时钟操作教具、小区地图手册、书包整理顺序卡、体重秤和身高尺。

区域布置
《长大以后做什么》《我长大以后》《小马长大了》等图书。

"我要上小学"区域规划

六、活动方案价值

这个综合主题活动的开展，能科学有效地帮助幼儿做好入学准备，帮助幼儿顺利愉快地开始小学生活，实现从幼儿园到小学的顺利过渡。教师将收集的影视资料、总结的经验、优秀论文及教育随笔归类整理成册，形成富有本园特色的幼小衔接课程，形成幼小衔接教育活动案例，带动本区域的幼儿园和小学共同开展幼小衔接的研究，把相关经验进行推广，形成良好的教育生态。

七、活动效果

此主题活动包括四个子活动："我心中的小学""小学生活万花筒""成为小学生""未来的小学"。第一个子活动"我心中的小学"，孩子们通过讨论对小学生活的期待与担忧，提出有关小学生活的问题，制订出参观小学的计划，并参观了小学，解决了孩子们心中对小学的疑惑。第二个子活动"小学生活万花筒"，孩子们比较了小学与幼儿园的异同，了解小学生课间时间的管理方式，为自己制订一份课间计划。第三个子活动"成为小学生"，幼儿通过小竞赛活动，学会快速、有条理地整理书包、文具、衣服，提高生活自理能力，并畅想自己成为小学生的样子，孩子从身心各方面做好入学的准备。第四个子活动"未来的小学"，孩子大胆畅想未来的小学生活。通过整个主题活动的开展，孩子们对即将到来的小学生活有更多的了解和正确的认识，并用积极的心态去迎接一个崭新的生活！

典型活动案例：萌娃参观小学初体验

一、活动目标

1. 对目标小学的作息时间、课程设置、课余生活等方面有更多的了解。

2. 能大方地与小学生进行互动，大胆提出自己的问题，勇于表达自己的想法。

3. 对小学的学习和生活充满期待。

二、活动内容

实地参观、体验目标小学的学习生活，与小学的哥哥姐姐一同参与课堂讨论与体验，为荣升小学生而感到自豪，做好积极的心理准备。

三、活动准备

幼儿：制作"我的小学研学任务"问题卡，带相机、记录本、笔。

家长：邀请部分对幼小衔接工作有困惑的家长加入义工队伍。

幼儿园老师：与目标小学老师开展幼小衔接教研活动，幼儿园与小学商议参观事项，提前准备幼儿外出物资，安排交通等。

小学老师：调整教学模式，制作幼小衔接第一课多媒体课件。

四、活动过程

1. 与幼儿商量参观小学的事宜，布置参观任务并制订好参观规则。

（1）外出参观时我们要注意什么？参观小学时我们要遵守什么规则？

（2）这次参观，我们的目的是什么？

前往小学参观

参观香阳学校

总结：外出参观小学需要注意安全，跟紧队伍，防止脱离队伍；参观小学的时候不能大声喧哗，不要吵到哥哥姐姐们上课。这次参观小学是为了让小朋友们对小学生的学习环境有所了解，为升入小学做好心理准备。

2. 体验环节：小学的老师给小朋友们上"幼小衔接第一课"。

体验小学课堂

回答老师问题

3. 参观环节：小学教师、讲解员带幼儿和家长参观小学，幼儿感受学校的环境，认识和了解各种活动室的功能和位置。

参观小学校园

4. 访谈环节：大班小朋友对小学提出问题，请小学生进行解答；最后互赠小礼物，合影留念。

5. 部分访谈问题整理：

问题1

诗迪：姐姐你好！我是正雅幼儿园晴晴班的马诗迪，请问读小学了，需要在学校午睡吗？

姐姐：学校没有像幼儿园一样提供卧室给我们睡觉，如果中午困了可以趴在桌子上睡觉，也可以回家睡觉。

诗迪：谢谢姐姐！好期待即将到来的小学生活呀！

问题2

轩扬：哥哥你好！我有一个问题想了解一下，我想问一下我们可以带电话手表去学校吗？

哥哥：学校是不可以带电话手表的，如果想要给爸爸妈妈打电话，可以用学校的校卡来打电话。

轩扬：好的，我知道啦！谢谢！

问题3

元泰：哥哥你好！9月份我将成为香阳学校（小学部）的学生。我想了解一下，小学有饮水机吗？我们需要自己带水壶上学吗？

哥哥：需要自己带水壶来学校，学校有饮水机。

元泰：谢谢哥哥的解答。

问题4

沁倪：哥哥（姐姐）你好！我是正雅幼儿园晴晴班的蔡沁倪，我有个疑问需要哥哥（姐姐）帮我解答一下，小学的厕所是坐厕还是蹲厕？男生、女生有分开吗？

姐姐：小学的厕所是蹲厕的，女孩子和男孩子是分开的。

沁倪：好的，那如果上课的时候想上厕所怎么办呢？

姐姐：上课想要上厕所，可以举手跟老师说，老师会让你去上厕所的。

访谈环节

6. 幼儿返园，领导、教师、家长开展座谈会，项目负责领导以及结对学校、幼儿园、家长代表交流如何更好推进幼小衔接工作，分享此次活动的心得体会。

五、活动反思

我们从体验、参观、访谈三个方面帮助幼儿了解目标小学的学习环境，使幼儿形成对小学的初步印象。活动中，幼儿积极提出自己的疑问，得到哥哥姐姐们的解答；幼儿积极地参与讨论，勇于发表自己的看法，这让幼儿更加期待小学的生活。孩子们将带着爱奔向未来，和过去告别，这是内心的成长，这份成长依旧需要力量与勇气，更需要来自成人的支持和鼓励，祝福孩子们。

发展中心教研员向幼儿园赠送"幼小衔接"活动书籍、学具

幼儿园与小学座谈会

小朋友与学校领导合影留念

幼儿园与小学联合教研合影留念

幼小衔接入学准备教育案例四

案例名称：科学衔接 携手护航

撰稿人：汕头经济特区中心幼儿园（林曼、董肖欣、赵洁纯）

幼小衔接是一项关乎教育民生的工程，也是一项任重道远的工程。近年来，汕头市龙湖区委、区政府高度重视幼小衔接工作，区教育局、区教师发展中心领衔牵头，扎实推进幼小衔接工作。紧扣上级部门的工作精神，汕头经济特区中心幼儿园以广东省学前教育高质量发展实验区（汕头龙湖）幼儿园与小学科学衔接项目为依托，以广东省基础教育园本教研基地（汕头龙湖）项目为抓手，以家、园、校三方协同为关键，深化教研，探索幼小科学衔接的有效路径，形成幼小科学衔接教育模式，推动形成优质的幼小衔接教育生态。

一、加强组织领导，建立健全工作机制

汕头经济特区中心幼儿园以习近平新时代中国特色社会主义思想为指导，全面贯彻党的教育方针，落实立德树人根本任务，深化学前教育改革，遵循儿童身心发展规律和教育规律，成立以园长为组长、教学园长为副组长、骨干教师为主要成员的幼小衔接工作领导小组，深度解读国家、省、市有关文件精神与要求，强化领导，精准施策，推进幼小衔接工作，提升幼小衔接工作的实效性。

作为广东省学前教育高质量发展实验区（第一批）幼儿园与小学科学衔接项目试点园，我园积极与试点校汕头市龙湖区金阳小学对接，形成结对，建立幼小协同长效机制，落实协同合作的具体措施，

同时基于以往幼小衔接工作有效经验，与中心园大班幼儿即将升入的区域内小学保持对接与互动，精心制定《汕头经济特区中心幼儿园幼小衔接工作实施方案》，细化幼小衔接工作目标任务，实化工作举措，高质量、高效率推进幼小衔接工作。

与金阳小学共同开展联合教研活动

与金阳小学共同开展联合教研活动

广东省学前教育高质量发展实验区项目启动仪式

二、三方协同合力，构建联合教研模式

汕头经济特区中心幼儿园在教育部《关于大力推进幼儿园与小学科学衔接的指导意见》文件精神的指导下，坚持儿童为本，双向衔接，系统推进，规范管理，并以幼儿园教师为纽带，联合小学教师与幼儿家长，集结小学低段教研骨干、幼儿园教研骨干、幼儿园家长委员组建幼小衔接教研项目组，共同针对幼儿园大班和小学低年级的儿童发展特

点、课程模式、教学观念、教学方式等方面进行交流，构建幼小衔接教研共同体，探索三方联合教研机制，形成家、校、园联合共同教研—校、园双向互动教研—园本教研的圈层融合教研模式。

广东省基础教育校（园）本教研基地（汕头龙湖学前）项目建设论证会暨启动仪式

家、校、园联合教研活动

　　在圈层融合教研模式下，中心园邀请专家引领和指导教研，组织专题讲座，并开展沙龙对话、专题研讨、互动观摩、交流分享会、工作坊等活动，多角度调研，深入交流儿童入学准备与入学适应中存在的问题与挑战，关注和了解幼儿在幼小衔接中的需求与困惑，在幼小衔接教育观念上达成共识，并结合幼儿实际情况与需要，共同探讨、研究、建构幼小衔接特色课程。家、校、园三位一体，推进多样化幼小衔接项目活动，切实有效减缓幼小衔接坡度，缓解家长焦虑，促进幼小教师的专业发展。

三、围绕关键素养，开展入学准备教育

入学准备教育是一个循序渐进的过程，幼儿园从小班开始逐步培养幼儿健康的体魄、积极的态度和良好的习惯等身心基本素质。对于即将进入小学的大班幼儿，中心园学深悟透《幼儿园入学准备教育指导要点》，重点围绕社会交往、自我调控、规则意识、专注坚持等进入小学所需的关键素质，提出科学有效的途径和方法，实施有针对性的入学准备教育。我园充分尊重幼儿身心发展规律和特点，基于园本儿童潮汕文化课程，着重围绕大班幼儿入学所需关键要素开展幼小衔接主题系列活动，从身心准备、生活准备、社会准备和学习准备四个方面入手，将幼小衔接教育活动有机渗透到一日活动之中，通过幼儿园、家庭、小学三方联动协同合力，使幼儿建立对小学生活的积极期待和向往，减缓衔接坡度，帮助大班幼儿顺利实现从幼儿园到小学的过渡。

（一）大班幼小衔接课程主要活动

大班开展的幼小衔接课程，以幼儿为本，注重幼儿的学习过程，多元整合，关注幼儿发展的连续性，尊重幼儿的原有经验和发展差异；关注幼儿发展的整体性，帮助幼儿做好身心全面准备和适应；关注幼儿发展的可持续性，培养有益于幼儿终身发展的习惯与能力。

课程的主要活动如下图所示：

我是值日生：
1.整治环境（扫地、擦桌、摆图书等）
2.餐点服务（切洗水果、烹饪糕点、分发收拾餐具）
3.午睡服务（铺床、整理被褥）

学做小学生：
1.小学畅想曲
2.我和小学的约会
3.小学课堂趣体验
4.对话小学生哥哥姐姐
5.小学生的一天

雅园小集市：
1.我是指导员　2.我是小导游　3.畅游小集市
4.集市里的故事

时间管理员：
1.认识时间
2.我的一日计划
3.准时打卡

卫生安全我知道：
1.眼保健操
2.防疫小卫士
3.雅园来了一架红绿灯

运动嘉年华：
1.运动打卡我坚持
2.闯关游戏我能行
3.团队竞赛乐开怀
4.个体挑战新项目
5.迎迓阳光运动会

交往合作　诚实守规
任务意识　热爱集体

社会准备

向往小学
情绪良好　身心准备　幼儿园入学准备　生活准备　生活习惯
喜欢运动　生活自理
动作协调　安全防护
学习准备　参与劳动

好奇好问　学习兴趣
学习习惯　学习能力

我的物品我整理：
1.心爱的小书包
2.我的房间（我的书柜、衣柜、玩具柜）

我是劳动小标兵：
1.家务劳动我最棒
2.致敬最美劳动者
3.我是值日生

非遗文艺创：
1.镌刻文创
2.嵌瓷文创
3.珠绣文创
4.剪纸文创
5.书画文创

我是小主播：
1.好书推荐　2.新闻播报　3.阅读分享
4.我的故事

我的学习小书：
1.地图小画册　2.设计图样集　3.地形描绘本
4.国旗大荟萃　5.民族集邮册

我的六一我做主：
1.个人才艺展演　2.小组童话剧　3.集体歌表演

我的毕业季：
1.愿望清单　2.繁星之夜　3.毕业艺术展
4.毕业时装秀

大班幼小衔接课程主要活动

（二）课程活动相关教育实录列举

案例一　我要上小学|"小学生活初体验，幼小衔接零距离"

作为龙湖区"幼小衔接项目"的试点园之一，我园大班幼儿、大中班家长代表及老师一起走进结对学校汕头市龙湖区金阳小学，通过"体验课堂，畅游校园""家、校、园合力交流探讨"，实现家、校、园协同联合，促进孩子健康快乐成长，共同致力良好教育生态的形成。

小学生活初体验，幼小衔接零距离

案例二　我要上小学|"原来小学长这样"

项目启动以来，我园每学期分批走进汕头市龙湖区金珠小学、金阳小学、丹霞小学和龙湖小学等幼儿意向小学，提前了解小学生活，体验小学课堂，熟悉小学环境，建立对小学生活的积极期待和向往。（扫码了解详情）

原来小学长这样

探秘小学，快乐衔接

小精灵的"小学"第一课

案例三　我要上小学|"我是时间小主人"

对于即将进入小学的大班幼儿，建立良好的时间观念是幼小衔接的关键素养。一日活动皆课程，我园以"集体讨论，认识时间—绘本阅读，建立时间观念—家园社共育，养成良好习惯"为路径，在学习、游戏、生活中引导大班孩子认识时间、学习惜时守时，增强孩子的自我管理意识，帮助幼儿形成良好的行为习惯，以减缓幼儿入学坡度。（扫码了解详情）

我是时间小主人

案例四 我要上小学｜"我是小主播"

幼儿的语言学习需要相应的社会经验支持，应通过多种活动扩展幼儿的生活经验，丰富语言内容，增强理解和表达能力。在一日活动中，我们通过每日读书分享、亲子阅读打卡、创作阅读日记等形式鼓励幼儿积极开展阅读活动，同时搭建直播间、广播站等平台，根据不同时节确定播报主题，鼓励幼儿参加播报活动及"读书分享""同讲好故

世界读书日系列活动

同讲中国好故事视频（部分）

国庆系列活动之雅园直播间

劳动节系列活动之我是小记者

事""童话剧表演"等活动。在"我是小主播"活动的实践与探索中，幼儿主动学习、科学探究，提升了倾听和表达能力，发展了自主性、合作性、创造性等优秀学习品质。

案例五 小集市里的故事｜"小旅行，大收获"

中心园大班级文文班的小精灵从一场分享愉快旅游时光的谈话中引发了思考，迸发探究、表现的欲望。经过集体讨论，文文旅行社成立了，并设立了"旅行社接待处"和"导游团"。"设计雅园旅行路线图—导游带团出游—建设'中华风景馆'体验项目—雅园半日游"，小精灵们凝聚智慧，在雅园的"小旅行"中有了"大收获"，在自主游戏中拓展社会交往的时空，学习设想、协商、计划、行动等关键合作策略，发展多元智能，培养文化自信，享受着快乐、尝试着挑战、体验着幸福！（扫码了解详情）

小旅行，大收获

教育反思|小旅行　大收获

《幼儿园入学准备教育指导要点》以促进幼儿身心全面准备为目标，围绕幼儿入学所需的关键素质，提出身心准备、生活准备、社会准备和学习准备四个方面的内容。在社会准备方面，交往合作、诚实守规、任务意识与热爱集体是四大发展目标。学习准备方面，学习习惯、兴趣、能力等是关键目标。

在交往合作方面：教师营造宽松的师幼互动氛围，从幼儿生活经验中感兴趣的问题出发，依托园本特色课程"小集市"活动的开展，为幼儿创设自由交往的机会；通过跨班级、跨年龄的游戏活动，并在接待外地幼教同行观摩的过程中，扩展幼儿的交往范围，丰富幼儿与同伴分工合作的经验；在创设"旅行社"、设计路线等问题中，鼓励幼儿认真倾听同伴的想法，学习协商解决问题，发展幼儿的观点采择能力。

在遵守规则方面：教师主要通过游戏培养幼儿的规则意识，引导幼儿与同伴讨论、制定"文文旅行社"游戏规则并自觉遵守；指导幼儿遵守集体活动规则，在与教师、同伴协商的过程中学会轮流发言，别人讲话时认真倾听、不随意打断。

在任务意识方面：教师有意识地布置小任务，如引导幼儿记录小组任务卡，回家准备明天"文文旅行社"游戏要带的玩具材料等，鼓励、支持幼儿独立自主完成任务。

在热爱集体方面：通过"文文旅行社"大集体凝聚班级幼儿人心，教师鼓励幼儿为旅行社制定社徽、策划旅游方案、设计旅行社纪念品等，帮助幼儿在游戏活动中体验归属感、成就感；鼓励幼儿结合旅游经历，分享小公园、老妈宫戏台等景点，在特色美食等的基础上开发家乡旅游路线，帮助幼儿感受与体验家乡的发展变化，激发幼儿热爱集体、热爱家乡的情感，增强文化自信。

在学习习惯方面：教师以问题为导向开展活动，通过层层递进的问题给予幼儿探索空间，支持幼儿专注地、持续地完成任务；鼓励幼儿独立思考，将决策权交给幼儿，引导幼儿有计划地做事，提升幼儿做事情的条理性。

在学习兴趣与能力方面：教师抓住了幼儿在生活中最熟悉和感兴趣的关注点，敏锐发现幼儿的学习兴趣，鼓励幼儿用图画、符号、文字等喜欢的方式设计路线，记录游戏的过程；通过统计旅游团人数等方式，帮助幼儿体验运用数学方法解决问题的乐趣；在当好小导游的过程中，幼儿的语言表达能力得到飞速提升。

案例六 阳光运动会|"运动，永无止境"

在雅园迎新冬运会上，大班的运动员们超越自我、团结合作，传承体育精神，体会运动的乐趣，收获了向上生长的力量。通过调查、分类、统计，在激情讨论中，运动员们认识了多个运动项目；通过想象、创意、设计，在奇思妙想中，运动员们为运动会设计会徽、号码牌，为运动会增添了多样乐趣；通过坚持、挑战、超越，日复一日的运动打卡，运动员们纷纷刷新成绩，挑战擂台，团结协作，勇往直前。大班运动员们发挥聪明才智，尽情挥洒汗水。（扫码了解详情）

2022年大班级运动会 　　2023年大班级亲子运动会

教育反思|运动，永无止境

《幼儿园入学准备教育指导要点》指出，幼儿园应根据大班幼儿即将进入小学的特殊需要，实施有针对性的入学准备教育。我们围绕社会交往、自我调控、规则意识、专注坚持等进入小学所需的关键素质，通过开展"迎迓阳光·齐向未来"冬运会系列活动，帮助幼儿在游戏和运动中做好身心准备、生活准备、社会准备和学习准备。

在身心准备方面：依托冬运会多个项目，开展运动打卡等多种形式的游戏和体育活动，根据大班幼儿运动能力发展特点和个体差异，适当增加运动量和运动强度，提高动作的协调性和灵活性，增强力量和提高耐力。鼓励、支持幼儿选择自己喜欢的运动项目去锻炼，发展大肌肉动作，形成每天运动打卡的良好习惯。并提供画笔、剪刀、小型积塑等工具和材料，支持幼儿通过画、剪、折、撕、粘、拼等方式，设计幼儿园运动会会徽、自己的运动号码牌等，锻炼手部小肌肉动作。

在生活准备方面：教师指导幼儿做好个人生活管理，在运动前、运动中、运动后，根据自身情况，适当补充水分、换汗巾、增减衣服；通过运动打卡计划的制订与落实，引导幼儿逐步树立时间观念，养成守时的好习惯；从运动热身、放松等环节入手，提高幼儿的安全意识。

在社会准备方面：通过年级运动会、"大带小"体育游戏等，扩展幼儿的交往范围，丰富幼儿的交往经验；通过小组赛等活动，为幼儿创设友好合作的环境，鼓励、指导幼儿在遇到冲突时，尝试用协商、交换、轮流、合作等方法解决；通过共同讨论制订运动游戏规则，在活动中增强规则意识，提高自觉守规的能力；教师还通过亲子运动打卡等小任务，促进幼儿任务意识和执行任务能力的提升；在年级运动会中，幼儿不断增强主人翁意识，体验到满满的成就感与荣誉感。

在学习准备方面：在前期调查、分类、统计的基础上，幼儿于激情讨论中认识了多种多样的运动项目；而后的会徽设计活动，鼓励幼儿用图画、符号、文字等方式为自己班级制作运动会会徽，保护幼儿的前书写兴趣的同时，教师也示范正确的书写姿势，帮助幼儿养成良好的习惯，并在倾听同伴分享会徽设计意图中学会倾听；在运动打卡挑战中，幼儿不断挑战自己，专注力、坚持性、计划性等学习习惯也逐渐养成。

案例七 卫生安全我知道 | "幼儿园来了一架红绿灯"

围绕红绿灯，小朋友们在游戏中学习交通规则，提升交通安全的意识，体验交通安全的重要性。教师从孩子们上学的交通工具引入，结合生活经验，用图片、视频、绘本故事讲解的方式，和孩子们一起探讨交通规则。大班的孩子们在了解交通规则的基础上，

幼儿园来了一架
红绿灯

围绕红绿灯，边讨论边设计，分工合作搭建马路，在尝试中发现问题，在探讨中改进方案，游戏中的学习、问题导向的思考，自然串联生成一系列交通安全主题活动。（扫码了解详情）

教育反思 | "幼儿园来了一架红绿灯"

《幼儿园入学准备教育指导要点》以促进幼儿身心全面准备为目标，围绕幼儿入学所需的关键素质，提出身心准备、生活准备、社会准备和学习准备四个方面的内容。其中，安全防护、参与劳动是生活准备中的发展关键目标。学习准备方面，学习兴趣与学习能力的培养是重点目标。

在安全防护方面：教师通过日常安全教育入手，引导幼儿自觉遵守基本的安全规则和交通规则，并抓住生活中的教育契机，以幼儿感兴趣的活动为着力点，以红绿灯引发幼儿持续探索，并在游戏中不断

强化幼儿自我保护的意识。

在参与劳动方面：教师引导幼儿在大型建构游戏结束后，主动对建构材料进行分类与整理，分担班级劳动，引导幼儿尊重身边的劳动者——交警、环卫工人、城市道路施工者、维护交通秩序的志愿者等，尊重、珍惜他人的劳动成果。

在好奇好问方面：教师接纳、鼓励幼儿对新事物——红绿灯的观察、提问等探究行为，分析幼儿在一次次探究活动中可能获得的发展；充分放手，适当介入，提供充足的时间鼓励幼儿思考、讨论；丰富材料，支持幼儿持续深入进行探究，和幼儿共同寻找问题的答案。

在学习兴趣与能力方面：教师在活动过程中，以幼儿的问题与思考，自然串联成主题活动的生成路径，有意识地运用文字和符号辅助幼儿记录问题与解决方法，让幼儿感受文字符号在日常生活中的功能和意义，保护幼儿的前书写兴趣；鼓励幼儿通过图画、符号等喜欢的方式为马路建设游戏制作标识，通过测量、统计等方式，尝试用数学的方法解决日常生活中的问题，发现生活、亲近生活，在生活中学习与成长。

幼小衔接入学准备教育案例五

案例名称：大班建构游戏活动"我心中的小学"
撰稿人：汕头市龙湖区丹霞幼儿园（赖于琅、李穗玲、黄冬妮、郑凯旋）

一、活动背景

（一）游戏缘起

孩子们参观了汕头市龙湖区丹霞小学之后，在区域活动时间用小积木搭建出教学楼，很多孩子对小学保持着较高的热情，讨论热烈。

（二）游戏条件

教室建构区木头积木、户外亿童建构游戏材料、画纸、记录笔等。

（三）幼儿的兴趣和前期经验

该班幼儿喜欢使用各式各样的游戏材料增强搭建物的表现性，能综合运用围合、盖顶、垒高、架空、拼插等方式搭建物体。

二、活动过程实录

（一）对接兴趣，初建小学

1. 过程实录

下午的区域活动时间，小朋友们在地板上开始了小学校园的构建，梓玥走过来看锦洵搭建的彩虹小学，说："你们的学校怎么没有围墙呢？这样坏人就容易跑到学校里来。"乐雅说："积木都用完了，没有积木能搭围墙了啊。" 梓玥说："是啊，我们丹霞小学的操场太小了，也是因为没有积木了。还有我们教室的建构区有点小，也搭不了那么大。"

初建小学活动场面

2. 观察思考

孩子们到小学参加体验课后，对小学保持着很高的热情。在建构区里，孩子利用建构的各种技能，比如围合、排列、叠高、平铺、架空等技能搭建小学的大门、教学楼、操场。从孩子们饶有兴致的表述、全神贯注的搭建中，可以看出孩子对未来小学的憧憬和自主搭建小学的兴趣。在游戏分享环节，老师组织孩子们讨论：搭建的时候遇到什么困难？可以怎么解决？讨论后，孩子们用绘画表征的方式完成计划图。从孩子们的计划图中可以发现孩子们对去上课的教学楼最感兴趣，都有自己的搭建想法，跃跃欲试，想开始搭建，实现计划图。

（二）提升兴趣，共建教学楼

1. 过程实录

按照先前的计划，孩子们来到西露台自由选择同伴，分工合作，开始新一轮的关于小学的主题建构。

一阵忙碌之后，几栋教学楼陆续建成了。晨恩站在一旁观察了一会儿，突然说："我记得丹霞小学的教学楼是连接在一起的，上次我就是从教学楼的二楼走廊走到艺体楼那边的。"于是孩子们决定搭建一个空中走廊，把所有的教学楼都连接起来。他们用圆柱积木和插管积木竖立起来做支撑，用双层拼插积木架空做楼板，用桥式塔的方法很快就搭好了长廊。这时宇浩小朋友不小心一碰，长廊倒塌了，小朋友看着倒塌的长廊，叽叽喳喳又说了起来。昱希说："如果小朋友走在上面，那就太危险了。"欣妍说："下面撑着的柱子太细了，就容易倒。"宥勋说："拼插积木的卡口可以卡住支撑的柱子，这样会稳一点。"小朋友们又开始尝试了起来，终于，孩子们成功啦！一条牢固的长廊将几栋教学楼连接了起来。孩子们可开心了，成功的喜悦在孩子们的脸上绽放。

共建教学楼

2. 观察思考

在本次搭建前，幼儿能够积极与同伴协商制订搭建计划，搭建中能够不断对搭建物的细节进行分析，教学楼要有门有窗，还要有楼梯等，坚持不断地调整，优化作品。在看到孩子们把双层拼插积木放在细细的插管积木上拼搭出一条不牢固的空中走廊时，教师并没有急于提醒，而是在一旁静静地观察、等待，不打扰他们，耐心地给幼儿试错的机会，让幼儿在实践操作中发现问题、解决问题，不断完善自己的作品。但幼儿对小学校园内部结构以及各个建筑物的用途印象还是比较模糊，于是5月初老师带着孩子们再次走进汕头市龙湖区丹霞小学参观。

（三）积累经验，再建小学

1. 过程实录

回园后围绕再次搭建小学活动，小朋友们展开了新一轮的讨论。伊暖说："原来小学也像我们幼儿园一样，有很多不同的区域。"小朋友选择自己喜欢的区域，自行分组绘制设计图纸，并开始了新一轮的建构小学活动。游戏分享环节，小朋友们分组介绍自己的搭建作品。这次选择搭建教学楼的乐雅看到一禾他们搭建的足球场可以让小朋友进去体验踢足球，很是羡慕，她悄悄地和旁边的梦媛说，下次也要在教学楼里搭一间大教室，可以让小朋友进去坐着上课的那种。

再建小学（教学楼）

再建小学（足球场）

再建小学（升旗表演台）　　　　　　　再建小学（操场）

2. 观察与思考

通过再次参观，孩子们对小学有了一个更加清晰的印象。回来后，孩子们的搭建内容有了很大的变化，增加了多功能教学楼、升旗台、大操场、食堂、保安室、停车场等一些建筑。在搭建前，老师组织孩子们讨论搭建计划：搭什么？和谁搭？用什么积木搭？在什么地方搭？让小朋友介绍自己的搭建内容，让各组幼儿能更加明确地围绕本组的计划来开展建构活动。孩子们在搭建中也会注意到一些细节，如楼梯、门和窗户等。当看到一些搭建的建筑，如足球场、升旗表演台、操场跑道等能进去体验玩游戏时，小朋友又产生了新的想法，想要搭建一个能进去体验的小学。

（四）追随兴趣，创想继续

1. 过程实录

再次建构，小朋友们规划好场地，分组按计划开始了游戏。有的搭建学校大门、围墙和保安室，他们利用万能结积木上的孔洞，插上插管积木，做可移动门禁杆，还在大门旁搭建了保安室；有的小朋友用小砖块积木围合成恒温游泳池；有的搭建升旗台，可以主持升旗仪式，还可以表演节目。

之后孩子们分组介绍了自己的作品，并选择自己喜欢的区域玩起了体验游戏。教室里，"小老师"正拿着教鞭指着黑板给小朋友上课；大门口，小朋友排队扫脸通过门禁杆；升旗台那边，小主持人正在主持升旗仪式和表演节目；恒温游泳池里，小朋友在畅游；课间娱乐室里，小朋友正快乐地参加各种游戏……

2. 观察与思考

搭建中，孩子们不仅能将观察到的事物运用到建构中，表达自己对事物形象的理解和认识，还能发挥想象力与创造力，结合日常生活中获得的知识，丰富搭建内容，把他们对小学的美好憧憬也融入到建构游戏中。如：校门口的扫脸旋转门禁杠、保安室的电子监控屏、恒温游泳池、课间娱乐室等。幼儿还初步学会了对空间区域进行规划与分割，使整个学校更加完整、丰富、美观。

搭建后，孩子们还在自主搭建的小学场景中开展角色表演游戏，通过模拟小学的场景，深入了解小学生角色及相应的角色行为，进而激发幼儿主动适应的意识，也激发了他们对小学学习生活的向往和期待。

我心中的小学（扫脸门禁杆）

我心中的小学（露天教室）

我心中的小学（课间娱乐室）

我心中的小学（恒温游泳池）

我心中的小学（角色扮演游戏区）　　　　我心中的小学（升旗台）

三、教师的总结与反思

此次建构游戏活动是幼小衔接系列活动"参观小学"之后幼儿自主自发的活动，教师追随幼儿的兴趣，支持幼儿的创意，充分尊重幼儿的游戏主动权。

（一）活动实施特点——关注兴趣，支持创意

在"我心中的小学"主题活动中，教师追随幼儿的兴趣，抓住契机，支持幼儿的游戏活动，以幼儿为主导，引导幼儿制订计划、自主搭建、深度发展。整个活动重视幼儿的情感联结，并不以小学建构结果呈现为最终目的，而是根据幼儿的兴趣点，聚焦到"教学楼"，最后又扩展到搭建整体的"小学"，模拟小学生上学等元素，更加注重建构游戏与主题的融合与渗透，关注游戏的兴趣与情感的联结。

（二）幼儿经验获得——关注综合能力发展

幼儿在搭建小学的过程中自主选择建构材料，自行协商分工，在操作与探索中发现问题、解决问题。他们进行创意设计，积极向同伴介绍，交流、评价自己和同伴的作品，充分发挥了自主性，成为建构游戏真正的主人。建构游戏不仅提升了他们的建构技能，还使他们的

社会性及语言等各方面的能力都得到了发展。

（三）教师行为反思——关注过程，提升质量

教师的行为对游戏的发展、持续、深入有着至关重要的作用。在整个建构游戏活动中，教师一边用自己的专业知识观察、分析、判断幼儿游戏的问题所在，一边放慢脚步与幼儿共同思考、不断尝试，适时适宜提供图示、试误、结构转换等策略，给予幼儿延续性的支持，提升游戏质量，促进幼儿深度学习。户外建构游戏是跟随幼儿的兴趣自然而然地生发出建构“小学”的主题，充分尊重了幼儿的游戏自主权。通过搭建幼儿心中的“小学”，加深了幼儿对小学的向往与期待，促进了幼小衔接活动的开展，为幼儿顺利升入小学奠定了基础。

入学适应教育案例

小学入学适应教育也是幼小衔接的重要内容之一，在了解幼儿园入学准备相关案例后，第四章则聚焦于入学适应教育，分享其中的优秀案例。

幼小衔接入学适应教育案例一

案例名称：多维衔接　科学护航
撰稿人：汕头市龙湖区丹霞小学（黄珊）

随着《关于学前教育深化改革规范发展的若干意见》和《关于深化教育教学改革全面提高义务教育质量的意见》的颁布，以及《关于大力推进幼儿园与小学科学衔接的指导意见》《义务教育课程方案和课程标准（2022年版）》的相继出台，幼小衔接的话题再次成为教育界的热点。

汕头市龙湖区丹霞小学一直高度重视幼小衔接的工作，具有丰厚的积淀，于2021年8月成为广东省学前教育高质量发展实验区项目试点学校。为了减缓"幼""小"两个学段的衔接坡度，帮助儿童顺利实现从幼儿园到小学的过渡，在龙湖区教师发展中心的引领下，结合学校"每个生命都出彩"的办学理念，开展相关项目的实践研究，现将做法总结如下。

一、多样环境　活化教育

汕头市龙湖区丹霞小学，创办于1994年，以低、中、高三个学段为划分点，分别划分为碧霞、华山、丹霞三个校区，形成了一校三区的办学格局和"1+7"的集团化办学模式。

丹霞小学碧霞校区为低学段校区，是开展"幼小衔接"项目研究的主要阵地。针对现阶段孩子对新环境适应能力不强的特点，丹霞小学积极开展环境建设工作。学校立足儿童视角，践行"每个生命都出彩"的办学理念，搭建展示平台，力求将丹霞学子的作品都展示出来，积极营造亲切的校园环境。文化长廊、走廊、楼梯、天台、转角处、班级文化角、板报等地方成为学生展示自我的窗口，剪纸、泥塑、画作、劳动小报、科技作品、摄影作品等应有尽有。学生漫步校园内，总能欣赏到自己或同学的作品，这大大增强了学生的自豪感，减少学生对陌生环境的不适之感。

幼小衔接作品

　　学校结合优秀传统文化，为孩子们量身定制了专属的二十四节气主题洗手区和十二生肖主题洗手池，孩子们在洗手的同时接受传统文化的熏陶。校门口大榕树下的摄影展，文化长廊的绘画展示，风雨操场的图书角、茶壶展览、拼音乐园，中庭的荷花缸，四楼天台的劳动基地以及班级中的各种活动角等，为孩子们打造了轻松欢快的学习氛围，增强孩子们的安全感，缓解其入学焦虑。

二十四节气洗手区

二、多方联动　盘活资源

（一）请进来，零距离体验小学生活

亲眼观察、亲耳聆听、亲身体验是儿童最直观形象的学习方式。为了促进幼小衔接工作的开展，我校打开校门，热情迎接幼儿园师生来校参观、体验。孩子们在老师的带领下，怀揣着好奇、期盼的心情走进学校，听哥哥姐姐介绍校园景观、讲述校园趣事，参与升国旗活动，了解升旗流程，学习升旗礼仪，在铿锵的国歌声中萌发热爱祖国、尊敬国旗的情感，扣好人生第一粒扣子；走进课堂，沉浸式体验语文、数学、音乐、体育、美术、形体舞蹈等课程，激发了孩子们浓厚的学习兴趣，产生强烈的入学愿望。

（二）走出去，教学相长共发展

"送教入园"系列活动

为加强我校幼小衔接师资队伍的建设，提高教师的衔接意识，我校"幼小衔接"教研组的老师开展"送教入园"系列活动。老师们立足学情，精心构思，运用游戏、故事等生动活泼的教学形式为孩子们授课。通过零距离的接触与访谈，老师们真切地掌握了学情，为做好衔接教学积累经验，为做好幼小衔接工作奠定基础。

（三）联合教研，共研科学衔接之路

儿童学习就是在玩中学、做中学、生活中学。"游戏+体验=学习"是大多数幼儿园的教学模式，为了做好教学模式的对接，了解实际学情，我校"幼小衔接"教研组走进幼儿园，开展联合教研活动。通过听评课活动，互相交流、研讨，寻找衔接点，探讨教学方式，以此达成教育共识。

联合教研

（四）牵手走，家校同心力更强

幼小衔接不仅是知识层面的衔接，更重要的是良好行为习惯与个性培养等方面的衔接，这种衔接的意识需要家园校同心同向，携手护航。

学校多途径地搭建家园校沟通的桥梁，如通过公众号、E校通等网络平台，为学生和家长提供入学指引，开展入学前培训活动，召开一年级新生家长会，悉心听取家长的意见，热情地为家长们答疑解惑，共同探讨多形式的幼小衔接教育教学方法，共同为幼小衔接创造良好的条件。

三、多维课堂，衔接有道

为了帮助儿童顺利实现从幼儿园到小学的过渡，我校成立"幼小衔接"教研组，把幼小衔接工作作为教研工作的重要内容，纳入年度教研计划，力争做到幼小学段互通、内容融合。教研组认真学习并依据《广东省推进幼儿园与小学科学衔接攻坚行动方案》的重点任务和主要举措，对标教育部《小学入学适应教育指导要点》，拓展思路，探究教学内容、教学形式、教学评价等方面的衔接与转变，梳理了各门课程的衔接方案，从身心、学习、社会和生活等四方面关注儿童的发展，循序渐进地帮助孩子适应小学的学习生活。

在教育教学中，我们尊重儿童的成长规律，立足孩子的生活背景，打造"玩中学、境中学、做中学、践中悟"的灵动课堂，通过游戏化、生活化、综合化的探究性学习，最大限度地帮助儿童做好入学适应。

例如蔡老师在执教《认识钟表》的数学课上，充分利用学生已有的生活经验，通过创设学生熟悉的生活场景——汕头市龙湖区丹霞小学一天的学习生活，引入新课，让学生在生动具体的情境中学数学。对学生而言，钟表是一种复杂的度量工具，钟面构成也比较复杂，时间和时刻都是比较抽象的概念，学习起来有一定难度。因此，老师设计大量的操作活动引导学生学习，将抽象的时间特性转化为学生可见、可触摸、可理解的活动，如我拨你说、我说你拨、找好朋友等活动，不知不觉中，孩子们在玩中学、境中学、做中学、践中悟，玩出了学习力。

教研组根据学生的年龄特点探索"30+10"的教学模式，即将40分钟的课堂划分为30分钟的授课时间，加10分钟的课前、课中或课后小活动，以此来解决专注力不持久的问题，增强课堂的趣味性。如刚才的案例展示，上课前，孩子们通过律动手势舞，缓解上课前焦虑、紧张的情绪，提醒孩子调整状态，准备上课，营造了轻松、愉快的上课氛围。课后安排了动手制作时钟的小活动，在巩固提升孩子们对时钟的认识的同时，解决了课堂专注力不够持久的问题。

为了培养孩子的思维习惯，提高思维能力，学校结合校本出彩课程之《小问号，大思考》儿童哲学启蒙课，顺延并拓展了相关的学习主题。

例如在《认识钟表》的数学课后，开展了《时间是什么》的儿童哲学启蒙课，引导学生进行思考，在思考与畅谈中了解时间有公平的、向前的、流逝的特点，感知时间在神秘地流动着，默默地改变万事万物，从而懂得学会多角度地看待事物。

《时间是什么》儿童哲学启蒙课

特色小活动培养学生多维的思考力，体现寓教于乐，促使孩子们爱上我们的课堂，爱上我们的老师，彰显幼小衔接课程游戏化、生活化、综合化的特点，强化学生的探究性、体验式学习。

四、多彩课程，出彩赋能

学校为了保障"双减"政策的落地，立足全面提高育人质量，践行"每个生命都出彩"的办学理念，缓解"双减"背景下家长的焦虑，满足学生、家长多样化的需求，开设多彩的课程，发展学生的核心素养。

学校以"基础＋素质"的课后服务模式，实现"书包不回家"的最终目标，促进学生个性发展。"基础"指学业辅导，"素质"指儿童哲学、机器人、编程、信息技术、唱游、形体、打击乐、管乐、合唱、英歌舞、灯谜、轮滑、篮球、乒乓球、足球、跆拳道、围棋、象棋、国际象棋、儿童社会情感、霞光广播、科学、手工、绘画等二十多门课程。

多彩课程一

一、二年级以自由选报、走班的形式，开设兴趣类拓展课程。多彩的课后服务活动，目的在于发展学生的艺术兴趣，培养学生高尚的情操，启迪学生潜在的智慧和思维能力，以使同学们更快融入小学生活，出彩赋能儿童的健康成长。

譬如学校教研组精心打造每周一期丹霞小学出彩课程之儿童哲学启蒙课《小问号　大思考》，旨在引导孩子们问个不停，想个不停，思考和探讨生活中的各种问题，帮助他们建立正确的价值观和人生观，达成与世界对话、与自己和解的目的，可以更好地认识自己和他人，理解世界和人生的意义。如在第一期"我们为什么要上学"的主题上，老师分享了自己如何看待上学一事，告诉孩子们人们为了让孩子能上学而一直在努力，知道上学可以学知识、分享快乐、结识朋友、学习自己解决问题的能力等，从而启发孩子去寻找自己内心真正的答案，获取上学的动力，减少对上学的抵触心理。儿童哲学启蒙课就像纪校长说的这样："儿童是天生的哲学家。给孩子轻轻打开哲学殿堂的一扇窗，透进一点光，让他们领略到哲学的魅力，在孩子心中从小就埋下一颗爱思考的种子，让他们今后更积极、智慧地面对这个世界。每周一问，像哲学家一样会思考，每个生命都出彩！"

小学阶段的学生正处于思想懵懂、不成熟的时期，在哲学启蒙课堂的熏陶下，他们的智慧有了增长。

多彩课程二

五、多种活动，提质增趣

为了衔接更自然，学校通过举办多元的活动，帮助孩子愉快、顺利地适应小学的生活。开学前，学校例行组织新生开展幼小衔接实践活动，如本学期我们以"国防教育 筑梦启航"为主题开展实践活动。活动中，聘请学校军民共建单位空军某部进入课堂，开展站姿、列队、排队等训练，学习国防知识，增强国防观念，激发保卫祖国的决心；班主任老师带领学生参观校园，了解校园文化，激发对新校园的向往；结合学校的儿童哲学启蒙课，引导学生思考"我们为什么要上学"，明晰上学的意义；以"我是课堂小主人"为主题开展行为规范教育，指导学生学习课堂礼仪，了解课堂常规，树立规则意识。

学校常态化开展体育竞赛活动、童谣传唱活动、古诗文诵读考级活动、丹霞百佳小书迷评比活动、艺术作品展示活动、科技作品展示活动、劳动技能大赛、我当小老师展示活动等，给予孩子更多展示自我的空间，激发学生的写字兴趣、阅读爱好、艺体特长、德育情怀等，促进学生身心健康发展。

开展各种活动

六、多元评价，助力成长

为进一步落实"双减"政策，促进学生全面发展，全面提升学生的核心素养，汕头市龙湖区丹霞小学改变以往的单一的评价方式，在一、二年级开展趣味游考活动。一系列的游考活动，将传统考试转变为游戏化、体验式的趣味闯关游戏，让孩子们在玩中学、学中乐、乐中评，助力学生全方位发展，快乐成长。

七、坚守初心，方有成效

学校身体力行，坚守育人初心，促使幼儿顺利走向小学。通过研究与实践，一年级老师成功转型，成为"幼小互通型老师"，帮助学生顺利实现从幼儿园到小学的过渡。丹霞小学的各项举措，得到了社会各界人士的肯定与好评。

共搭成长桥，静待花盛开。幼小衔接是个循序渐进的过程，需要持续地观察与衡量、研讨与评估，为了让孩子们快乐成长，学校将一如既往努力创新，帮助幼儿自然过渡。

幼小衔接入学适应教育案例二

案例名称：聚焦科学核心素养，助力幼小科学衔接

撰稿人：汕头市华侨试验区金湾学校（张晓煌、张惠芬、林娜）

为了帮助儿童做好入学适应，解决儿童在过渡期间面临的断层问题，强化小学作为重要衔接主体的责任意识，2021年，教育部颁发了《关于大力推进幼儿园与小学科学衔接的指导意见》，要求建立幼儿园与小学科学衔接的长效机制，科学地做好入学准备与入学适应教育，促进儿童顺利过渡。

幼小衔接项目实施阶段，我校将衔接项目组的老师分成五个研究团队，开发五育并举的衔接课程，遵循儿童身心发展规律和教育规律，以游戏为基本活动，从学前开始，科学做好衔接。

一、双向互动，自然过渡

幼儿园大班和小学低年级的教师彼此交换角色，进入对方的工作环境，进行"换位体验"。每学期我们组织多场次的专题活动，内容涵盖思政、阅读，生活中的数理、形体、音乐、美工、体育等，其中有小学教师进入幼儿园体验课堂，也有幼儿园孩子走进小学体验小学课堂，还有幼小衔接家园社共育沙龙。每年秋季开学前，学校也都会举办一年级新生体验活动，以帮助孩子们更好地适应新的生活环境、学习环境。

一年级迎新主题

一年级入学训练（课堂规则）

一年级入学训练（队列）

幼儿园大班孩子参观金湾学校

二、课程研发，指向衔接

汕头市华侨试验区金湾学校围绕小学低年级儿童在身心、生活、社会、学习等各维度的适应目标，建立幼小协同的有效机制，形成科学衔接的教育生态，合理设计课程主题与内容。

学校以文化为内核，以活动为阵地，构建"习六艺养美德育君子"课程体系——中华传统课程有吟诵、武术、书法、国画等，潮汕文化课程有剪纸、篆刻、打锣鼓等，综合课程有茶艺礼仪、形体舞蹈、劳动科技等。如形体课程，我们从学情、课程特点、教学目标、教学重点、教学手段、课程安排等几个方面设计课程。

童谣班参加文化节表演　　　　茶艺班上课剪影

舞蹈课上课剪影

　　课程一体化、科学性的设置，对于培养学生的综合素质具有重要意义，使儿童以积极愉快的情绪投入小学生活，帮助他们实现行为习惯、情绪、社交、学习等方面的适应，对儿童的长远发展具有重要作用。

三、高效课堂，科学衔接

　　如何构建高效的课堂，落实课程目标，让孩子更快适应小学的学习呢？我校重在改革教育教学方式，强化以儿童为主体的探究性、体验式学习，为每个儿童搭建适应的成长阶梯，课堂上注重活动化、游戏化、生活化的学习设计。

　　如人教版一年级语文上册第八课《小书包》，呈现的是一首轻快、活泼的儿歌，展示了"小书包"里的各种文具。儿歌节奏明快，浅显易懂。李老师在充分了解教材的编写意图后，精心准备教学"用具"，在上课时极大地引发了孩子们的学习兴趣。

课前，教师借助信息技术优化识字预习活动，布置学生在生活中识字，录制识字小报告，将识字教学活动牢牢定位在学习上，学生学先于教，符合以学定教的教学理念。可见，信息技术的助力大大提升了预习的有效性。

课堂上，教师通过图片、游戏，提高了孩子的识字兴趣，使孩子掌握识字方法。教师用多媒体课件营造了一个集文字、图形、图像、动画、影像和声音等多种呈现方式于一体的环境。孩子们身处其中，时刻保持着对教学信息的极大兴趣。特别是动态呈现汉字的演变过程，让学生了解祖国语言文字的博大精深，增强了学生的民族自豪感。

李婷老师执教《小书包》

透过这扇窗，孩子们可以窥见博大精深的语文天地的一角，感受到汉语文字独特的魅力，从而对识字和写字产生浓厚的兴趣。入学适应教育作为小学低年级的主要任务之一，应该以课堂为主阵地，从时间维度与内容维度上建立科学的衔接。

四、学科整合，落实素养

小学低年级学生的学习应该是具象的、贴近生活的。新课标强调要增强学习的趣味性与吸引力，要求教师要关注学科间的联系，将不同学科的知识有机整合，为学生提供更加丰富的学习体验。

　　强化幼小衔接，要注重学科的整合，让学生在体验、操作、游戏等亲身参与的项目学习中获得具体直观的经验。如在运动会会徽的征集活动中，刚入学几周的一年级小朋友就积极参与其中，精心设计了会徽。

一年级学生设计的运动会会徽

　　在"我心目中的小学生活"征集活动中，学生发挥无限的创造力，以绘画、手抄报、朗读等方式展现了他们对学校的热爱。

"我心目中的小学生活"活动成果

再如，在语文课开展的"拼音乐园""趣味识字剪贴报"，数学课开展的"创意制作钟表""数学小报——美丽的数字"，以及美术课开展的用废旧纸皮制作乐器等活动中，低年级学生的作品同样创意无限，这也让学生在提升自己综合素养的同时也感受到学习的快乐。

我们在课程建设、课堂教学与项目活动设计中要注重创设生活情境，多学科整合，让学生关注生活中的真实问题，鼓励小学低年级学生通过合作探究、表现交流、不断追问等方式经历发现问题、提出问题、分析问题、解决问题的全过程，让孩子们更快适应小学生活。

趣味识字剪贴报

创意制作钟表

我的拼音帽

废旧纸皮制作的琵琶

五、家校联动，协同评价

有效的评价是衡量幼小衔接工作效能的最重要的手段，我们期待通过科学合理的过程性评价，分析衔接工作质量，根据评价结果进行相应反馈，调整幼小衔接课程结构，有效促进幼小衔接工作的扎实推进。

　　幼小衔接联动评价机制是对幼小衔接课程、教师行为和幼儿发展的全方位探讨，其创建过程，也是幼小联合开展研究和实践工作的过程。

一年级拼音验收

六、双向奔赴，"育"见美好

　　我校通过开放日活动，让家长走进校园，了解孩子在校园的一日学习和生活情况，看到孩子在校的自理能力，进而消除顾虑。同时也邀请有特长的家长为孩子们讲一节课，孩子们因为家长的参与而学习热情高涨，家长也给孩子起到示范引领作用，互相促进，增强对学校的认同感和归属感，在幼小衔接阶段提高了家长的参与度。

七、成效与展望

通过丰富多彩的教育活动和家校之间的共同努力，孩子们基本养成了良好的学习习惯和行为习惯，极大地激发了学习的兴趣，顺利实现了幼小衔接。而且在各项活动中，逐步落实了学科素养，提升了学生的综合能力。

幼小衔接是一个复杂的长期任务，我们还有很长的一段路要走，而这就更需要我们每一位教育工作者和家长共同来完成，教师做好"领路人"，家长做好榜样，在教育观念上能达成共识，在教育行为上形成教育合力，继续聚焦科学核心素养，助力科学幼小衔接，让我们的教育事业蓬勃有力、熠熠生辉！

幼小衔接入学适应教育案例三

案例名称：面对变化的勇气——金阳小学幼小衔接心理调适成长案例分享

撰稿人：汕头市龙湖区金阳小学（魏晓兰、林咏贝）

汕头市龙湖区金阳小学于2021年6月被列为广东省学前教育高质量发展实验区（汕头龙湖）幼儿园与小学科学衔接项目试点学校。两年多来，学校坚持以习近平新时代中国特色社会主义思想为指导，全面贯彻党的教育方针，落实立德树人根本任务。在上级的指导下，我们主动加强与幼儿园教育的合作与衔接，在尊重儿童的年龄特点和学习发展规律基础上，积极探索实施入学适应教育并建立科学衔接长效机制，减缓衔接坡度，帮助儿童实现平稳过渡，逐步适应小学生活。我们主要从以下方面开展活动。

一、主动衔接，指明导向建机制

作为龙湖区幼小衔接项目的试点学校，我们一直重视加强与结对幼儿园的联系，通过及时、广泛听取结对幼儿园的意见，研制幼小科学衔接实施方案，共筑合作机制。通过同上一节课、参观互动、座谈交流的形式，教师和家长的教育观念与教育行为有了明显的转变，形成科学衔接的教育生态。

主动衔接，指明导向建机制

走进幼儿园，与汕头经济特区中心幼儿园开展幼小衔接研讨活动。由学校老师给幼儿园的孩子上衔接课，让孩子感受小学课堂上各个教学环节的趣味性。

陈洁红老师在上幼小衔接课

在幼儿园参观学习

幼小衔接座谈研讨会

观摩幼儿园幼小衔接课程

参加幼儿园课间活动

观摩幼儿园日常生活

案例总结一

二、多维聚力，精彩活动乐生活

在幼小衔接方案实施过程中，我校根据国家修订的义务教育课程标准，将一年级上学期设置为入学适应期，并根据相关要求优化配套设施设备、合理安排内容梯度。我校调整一年级课程安排，减缓教学进度，重点实施入学适应教育，增设地方课程、学校课程和综合实践活动，合理安排课时分配，做到多元化活动教学。我们从优化配套，打造童趣乐园；改革教学，设置童真课程；设计活动，突出衔接特色；家校携手，共育时代新苗；心理调适，呵护阳光童心；打造团队，更新衔接理念等层面，实现多维聚力，帮助学生适应小学的学习生活。

作为全市第一所荣获"广东省中小学心理健康教育特色学校"称号的小学，金阳小学一直致力于为莘莘学子的健康成长、全面发展赋能。从幼儿园到小学，是孩子成长中的一次重要转折，他们将面临身份角色、学习方式、学习环境等方面的变化。在适应这些变化的过程中，他们需要老师们的积极关注和耐心引导。老师帮助学生顺利度过幼小衔接的适应阶段，做到用心护航，以心育人。下面主要分享我校在幼小衔接心理调适方面的一些具体做法。

（一）完善的心理功能场室

1. 阳光小屋

阳光小屋划分为沙盘区、宣泄室、谈心区、图书阅览区等区域。由于低学段的学生不善于表达自己遇到的心理困扰，心理老师通过沙盘游戏等表达型心理疗法帮助学生梳理、表达自己的感受。当学生出现情绪问题时，他们可以在宣泄室中选用情感型的宣泄方式，如击打沙包、使用解压球、捏解压面人或解压包子等；也可以选择理智型的宣泄方式，如使用解压涂色本，或在谈心区中向心理老师倾诉。

■ 完善的心理功能场室

阳光小屋

沙盘区

利用沙盘游戏进行指导，帮助学生梳理、表达自己的感受。

宣泄区

当学生出现情绪问题时，可通过宣泄区的各种器材宣泄情绪，当情绪平复过后再对心理困扰进行处理，效果更佳。

谈心区

在心理老师的陪伴和引导下，学生解决心理困扰。

图书阅览区

配备各类心理学书籍，为学生提供各种人际交往、情绪困扰等心理知识，帮助学生自我成长。

阳光小屋示意图 ■

2. 团体心理活动室

团体心理活动室作为心理老师带领学生开展团体心理辅导的主要场所，让学生通过活动和分享，进一步认识和接纳自己，了解他人。

■ 完善的心理功能场室

　　宣泄器材：沙包、宣泄棒、解压球、宣泄画板、宣泄壶、解压面人、解压包子、尖叫鸡、尖叫猪、解压涂色本……

案例总结二 ■

（二）心理课程与多彩活动的综合应用

1. 开设主题心理课程

　　刚步入一年级的学生，主要面临的是适应问题和人际交往问题。因此，班主任会对班级学生开展相关的主题心理课程，帮助学生从各个方面认识校园，让学生对学校和班级产生归属感，掌握更多的人际交往技巧。在处理学生的日常交往问题的过程中，班主任也会耐心引导学生处理好人际关系，让学生在实践中提升人际交往技巧。

■ 开设主题心理课程

丰富多彩的心理课程

新生适应	了解校园，熟悉环境，提升归属感
人际关系	掌握人际沟通的技巧
自我认识	挖掘自己的闪光点

案例总结三 ■

2. 开展七彩多元活动

多元化的活动能增加学校生活的趣味性，帮助一年级学生更快适应新环境。

（1）开学前，学校组织了为期两天的入学训练，精心设计各项衔接适应活动，让孩子们不仅收获了新老师、新伙伴，更为迈向新的学习之旅做好了准备。

如在学校大门设置趣味气球门、金阳吉祥物，营造温馨的氛围。在校门口，校长递给每位新生一袋金阳"星"礼包。其中是为学生量身定制的入学训练手册，包括介绍入学常规，培养好习惯、注意力的方法等，引导家校社共育，助力新生顺利适应小学生活。孩子们走上"成长桥"、跨越"端行　乐学　健康　进取"校训踏板、迈上"星"旅程、敲响明志大鼓。在入学课程中，教师带领学生认识学校、班级、老师，学会自我介绍及向老师问好；学会课堂纪律口令；了解校园纪律、礼仪；学习课间休息的文明做法。体育老师带领学生学会听从口令、排队及"快静齐"的要求，跟着队伍有序地行进。

■ 开展七彩多元活动

组织入学训练，精心设计各项衔接适应活动

七彩多元活动一

（2）举办亲子研学、家长进课堂等活动，大手拉小手，在温馨中闪耀着童真童趣。

在一年级小朋友步入小学后的第一次研学中，学校设置了亲子活动，让爸爸妈妈和孩子们互动做游戏。在共同完成任务、解决问题的过程中，家长和孩子能够加深对彼此的理解，家长也从活动中体会到老师工作的辛苦，进一步加强了家校合作，凝聚了教育合力。

■ 开展七彩多元活动

举办亲子研学活动

七彩多元活动二 ■

（3）创设丰富多彩的学科活动，实现知识与活动的趣味融合。

通过趣味拼音游园、数学乐园等有趣的学科活动，让学生在活动中巩固学科知识，学会正确运用。在课后托管中增设特色小社团，如劳动、舞蹈、童谣等，丰富特色课程。

开展七彩多元活动

在课后托管中增设特色社团

七彩多元活动三

（4）劳动帮手"一对一"。

让高年级同学一对一地指导并协助一年级小同学完成值日任务。

（三）建立多维的心理健康监测体系

1. 定期开展心理健康测评

汕头市龙湖区金阳小学购买了智为心理测评系统，每学期初利用智为心理服务云平台对全体学生开展心理健康筛查，面对低学段的无法进行心理自评的学生，则通过父母填写Achenbach儿童行为量表来了解学生的心理健康状况。测评结束后，学校将会对测评结果进行科学分析，合理应用测评结果，建立学生心理发展数据库，全面建立"一生一档"心理成长档案，并依据测评结果分类制定心理健康教育方案，为班主任提供对应的教育建议。

建立多维的心理健康监测体系

教师健康体检	账号	姓名	性别	年级	班级	测评时间	预警	有效性	查看
小学生心理健康评定量表			男	2024级	202406班	2024-10-08 20：07		√	🔍 查看
小学生心理健康评定量表			女	2024级	202406班	2024-10-08 19：44		√	🔍 查看
小学生心理健康评定量表			男	2024级	202406班	2024-10-08 14：07		√	🔍 查看

教师健康体检	账号	姓名	性别	年级	班级	测评时间	预警	有效性	查看
小学生心理健康评定量表									🔍 查看
小学生心理健康评定量表									🔍 查看
小学生心理健康评定量表									🔍 查看
小学生心理健康评定量表									🔍 查看

Achenbach儿童行为量表（CBCL）

社会能力·各因子问题检出率统计(预警层)		
因子	活动能力≥3	社交能力≥3
男6—11岁		
检出人数	356	406
所占比例	85.60%	90.765
因子	活动能力≥3.5	社交能力≥3.5
男12—16岁		
检出人数	0	0
所占比例	0%	0%
因子	活动能力≥2.5	社交能力≥2.5
女6—11岁		
检出人数	366	426
所占比例	87.775%	97.84%
因子	活动能力≥3	社交能力≥3
女12—16岁		
……		

2023—2024学年度第一学期 班级晴雨表

班级		心理委员		时间	
本周	主要活动				
整体状况	学习	A.积极学习　B.上课走神　C.学习压力　D.其他＿＿			
	人际交往	A.和谐相处　B.有矛盾　C.肢体冲突　D.其他＿＿			

心理危机八大信号（报告班主任和心理老师）	1.重要的亲人或朋友离世　　2.重大的家庭变故 3.情绪、性格突然变化　　4.成绩突然大幅下降 5.跟朋友绝交或者有冲突　　6.失眠、吃不下 7.校园欺凌　　8.有伤害自己的行为
个别特殊情况描述（概述）	

班级同学心理变化 晴转阴 阴转晴 雨/晴	1	姓名	心理变化	2		
	3			4		
	5			6		
	7			8		
	9			10		

注：1.晴雨表每周进行记录，由心理委员完成，每周五下午第二节课下课后交阳光小屋。
2.如有危急事件，应立即上报班主任和学校阳光小屋。

心理健康监测体系一

2. 设置心理健康委员

汕头市龙湖区金阳小学每班设置心理健康委员，并在学期之初对心理健康委员进行心理委员工作职责、内容、技巧等方面的培训，使其掌握识别心理危机的能力，成为班级的健康小哨兵，每周用心理晴雨表记录并反馈班级同学的心理状况。

■ 建立多维的心理健康监测体系

　　每班设置心理委员，作为班级的心理健康小哨兵，心理委员需提升心理技能，定期反馈班级心理状况。

心理健康监测体系二 ■

　　幼小衔接是一项系统工程，需要多方合力、多维衔接。科学的"幼小衔接"，不仅仅是知识性的衔接，更是要为孩子们的行为习惯、学习习惯、心理适应能力、社会交往等奠定良好的基础，共同帮助儿童迈好关键的一步。我们将继续深化基础教育课程改革，以"童真·童心·童趣"建立幼儿园与小学科学衔接的长效机制，全面提高教育质量，使孩子们在金阳小学健康快乐地成长！

幼小衔接入学适应教育案例四

案例名称：儿童为本　双向衔接——金珠小学幼小衔接工作典型做法

撰稿人：汕头市龙湖区金珠小学（林耀强、陈爱香、张春娇、纪镁铧、纪少芬）

一、学校简介

汕头市龙湖区金珠小学始建于1992年，学校校风好，师资力量雄厚，是广东省一级学校。学校立足学生核心素养发展，以"涵养教育"为抓手，践行"让每个孩子都发光"的办学理念，以"自信自律、善学善问、雅言雅行"为培养目标，坚持五育并举，培养德智体美劳全面发展的社会主义建设者和接班人。

作为广东省幼小衔接项目实验学校，学校高度重视，成立幼小衔接工作领导小组，统筹安排，科学规划，研训结合，有序推进，在入学准备、入学适应、双向科学衔接等方面积累了丰富的经验。

二、指导思想

以习近平新时代中国特色社会主义思想为指导，全面贯彻党的教育方针，落实立德树人根本任务，遵循儿童身心发展规律和教育规律，深化基础教育课程改革，建立幼小科学衔接的长效机制，全面提高教育质量，促进儿童德智体美劳全面发展和身心健康成长。

三、基本原则

1. 坚持儿童为本。关注儿童发展的连续性，尊重儿童的原有经验和发展差异；关注儿童发展的整体性，帮助儿童做好身心全面准备和适应；关注儿童发展的可持续性，培养有益于儿童终身发展的习惯与能力。

2. 坚持双向衔接。强化衔接意识，幼儿园与小学协同合作，科学做好入学准备和入学适应，促进儿童顺利过渡。

3. 坚持系统推进。整合多方教育资源，行政、教科研、幼儿园和小学统筹联动，家园校共育，形成合力。

4. 坚持规范管理。建立动态监管机制，纠正和扭转违背儿童身心发展规律的做法和行为。

四、实施措施

（一）目标引领　科学衔接

1. 强化意识，科学规划

幼小衔接工作是一项系统工程，实施入学适应教育是小学开展幼小衔接工作的重点，科学有效开展入学适应教育是实现幼小顺利衔接的关键。为强化衔接意识，更新衔接理念，学校组织行政、教师深入研读教育部《关于大力推进幼儿园与小学科学衔接的指导意见》、《广东省推进幼儿园与小学科学衔接攻坚行动方案》及《龙湖区幼小衔接入学适应性学习指引》等指导性文件，明确目标要求，找准落实途径和方法。为扎实推进幼小衔接工作的有序有效开展，学校幼小衔接工作领导小组聚焦"身心适应、生活适应、社会适应、学习适应"展开深入研讨，制订《金珠小学一年级新生入学适应教育方案》，将入学适应教育作为学校落实幼小衔接的中心任务，科学规划，坚持儿童为本，坚持零起点教学，改变教育教学方式，减缓适应坡度，为入学准备、入学适应的科学有效保驾护航。

2. 精选教师，把握关键

2016年9月9日，习近平总书记在考察北京市八一学校时指出："教师要做学生锤炼品格的引路人，做学生学习知识的引路人，做学生创新思维的引路人，做学生奉献祖国的引路人。""万丈高楼平地起。"一年级是儿童从幼儿园向小学过渡的关键学段，科学合理安排好一年级教师是保证一年级学生顺利过渡的关键。学校把握关键，精心挑选政治素质高、沟通协调能力强、教育教学经验丰富、工作耐心细致、有亲和力的教师承担一、二年级教育教学工作，为顺利过渡奠定基础。

金珠小学幼小衔接培训会

（二）入学准备　双向衔接

从幼儿园到小学是儿童学习成长的转折点。一年级学生入学准备，要做早做实。学校与汕头经济特区中心幼儿园、汕头经济特区幼儿园建立联合教研机制，开展深度交流研讨，探索双向科学衔接的有效途径。

1. "送教进园"，为入学适应导航

学校定期组织一、二年级教师入园观摩学习，深入了解幼儿园的环境布置、大班课程设置、教育教学方式、常规管理、活动安排等。定期送教进幼儿园，零距离了解幼儿园大班儿童的心理特点、学习特点，强化科学衔接的理念，掌握科学衔接的方法，为一年级新生入学适应做准备。

2. 幼小共研，为入学准备奠基

幼儿园教师定期进校参观、学习，开展主题教研活动，深入了解小学一年级学生的学习环境、课程设置、教学内容、教学流程、学习方式等，为大班儿童入学准备奠定基础。

与幼儿园建立联合教研机制，开展深度交流研讨

3. 进校体验，入学儿童的"必修课"

幼儿园大班儿童进校园体验小学生活是即将入学儿童的"必修课"。学校精心组织丰富多彩的入学体验活动，让幼儿园小朋友全方位体验小学生活：参加升旗仪式，体验国旗卫队的光荣与神圣；参观校园文化，听哥哥姐姐讲小学校园里的新鲜事；学唱《中国少年先锋队队歌》，激发对小学生活和少先队组织的向往；观摩潮韵操、民乐团、合唱队表演，体验大课间活动，感受小学生活的丰富多彩；进课堂和哥哥姐姐们一起上课，体验小学课堂的新奇……全方位体验，帮助大班儿童做好入学心理准备。

4. 幼小联动，树立学习榜样

在大班小朋友毕业前夕，学校精心组织大队委到幼儿园，和大班小朋友互动交流，介绍小学生活，分享学习收获，为小朋友们答疑解惑。榜样的引领，有效激发幼儿园小朋友入学的强烈愿望。

5. 家校社共育，实现衔接"软着陆"

家长是孩子的第一任老师，是学校教育的重要合作伙伴。一年级学生入学前，学生紧张，家长焦虑。为消除家长的焦虑情绪，学校发放《金珠小学新生入学指导手册》；召开一年级新生家长会；组织亲子共读《小学入学适应教育指导要点》《龙湖区幼小衔接入学适应性学习指引》等，实现家校社共育，协同解决一年级新生入学适应中碰到的问题，实现幼小双向衔接"软着陆"。

（三）入学适应，儿童为本

入学适应教育是一年级教育教学的重要任务。学校坚持"儿童为本"的原则，针对一年级学生的身心发展特点、学习能力，将一年级上学期定为入学适应期，调整一年级课程安排，放慢教学进度，减缓衔接坡度，优化课堂教学设计，强化探究性、体验式的学习方式，开展丰富多彩的入学适应教育，帮助一年级新生适应小学学习生活。

1. 科学训练，融入适应

新生走进学校、开启小学生活的第一天就开始了新生入学训练。学校精心组织，科学设计，将新生入学训练融入游戏化、生活化的活动中，营造轻松、愉悦的氛围，消除新生的紧张感和陌生感，缓解焦虑情绪，让新生在游戏和活动中体验小学生活的仪式感和新鲜感，融入小学生活。

2. 活动育人，学会适应

开口读书、动手书写是小学生活的主旋律。为激发一年级学生的学习兴趣，培养其良好的学习和生活习惯，学校组织开展形式多样的主题活动，将文化渗透、理想信念教育、生活习惯、学习习惯的培养融入丰富多彩的活动中，让学生在活动中调整身心，培养习惯，适应小学生活。

丰富多彩的活动，促进新生轻松愉悦地适应小学生活

3. 坚持"零起点"教学，保证适应

"双减"政策明确要求："积极推进幼小科学衔接，帮助学生做好入学准备，严格按课程标准零起点教学，做到应教尽教，确保学生达到国家规定的学业质量标准。"学校贯彻落实"双减"要求，以课程标准为导向，遵循学生发展规律，坚持"零起点"教学，践行"儿童为本"，"关注儿童发展的整体性，帮助儿童做好身心全面准备和适应；关注儿童发展的可持续性，培养有益于儿童终身发展的习惯与能力"，保证一年级新生轻松愉悦地适应小学生活。

4. 优化教学方式，增强适应能力

课堂教学是小学生学习的主阵地，也是培养学生必备品格和关键能力的主阵地。为增强学生的入学适应能力，促进儿童的可持续发展，学校改革一年级教育教学方式，对国家课程采取游戏化、生活化、活动化等方式实施，强化儿童的探究性、体验式学习。落实"课堂以儿童为中心""活动以儿童为中心"的教学理念，强化衔接意识，增强学生入学适应能力，实现幼儿园向小学科学有效衔接的目标。

五、展望未来

"独行速，众行远。"幼小衔接是一个系统工程，幼小科学有效衔接的探索和研究永远在路上。坚持系统推进，坚持规范管理，坚持家校园协同共育，建立双向衔接的长效机制，相信有效科学衔接之路必将越走越宽广。学校将继续深入研究，助力幼小有效科学衔接，推动学校教育高质量发展，努力办好人民满意的教育。

第五章

幼小衔接联合教研

幼小衔接教育对儿童的全面发展具有关键性的作用，但是现实生活中还存在对幼小衔接的误解，甚至部分教育机构成为读写"地下站"，因此龙湖区针对幼小衔接成立专门实验区，探究更高效、更科学的幼小衔接区域协作模式。

第一节 广东省学前教育高质量发展实验区（汕头龙湖）幼儿园与小学科学衔接项目试点园校联合教研制度

第一条 为落实教育部《关于大力推进幼儿园与小学科学衔接的指导意见》，发挥实验区试点园校的示范引领作用，推进龙湖区幼儿园与小学学段的有效衔接，加强教育内容的连贯性与系统性，提高教育教学质量，特制定本联合教研制度。

第二条 本制度适用于参与联合教研的幼儿园和小学，旨在建立稳定、长期的合作机制，促进双方教师的交流与学习，共同探索学段衔接的有效路径。

第三条 联合教研原则

1. 以儿童为中心：幼小衔接联合教研应以儿童为中心，关注学生的全面发展，确保儿童在不同学段之间的顺利过渡。

2. 尊重学段特点：幼儿园和小学各有其独特的教学特点和规律，联合教研应充分考虑双方的教学实际，确保教研活动的针对性和实效性。

3. 强化内容融合：幼儿园和小学的教学内容应相互衔接、融合，避免重复和脱节。联合教研应关注知识点的连贯性，确保学生在不同学段能够顺利过渡。

4. 注重实践探索：联合教研应以实际教学为出发点，鼓励教师们在实践中探索、创新，形成具有特色的教学方法和策略。

5. 促进教师交流：联合教研应为幼儿园和小学的教师提供交流、学习的平台，促进双方教师的专业成长和素质提升。

第四条 联合教研的形式

1. 主题教研：围绕幼儿园与小学教育教学中的热点问题，开展主题教研活动。

2. 观摩研讨：组织幼儿园与小学教师互相观摩彼此课堂教学，开展研讨活动，熟悉幼小课堂模式与特点，更好地在彼此教学中寻找适切的衔接点。

3. 案例分析：选取幼儿园与小学教育教学中的典型案例，进行分析与研讨，共研幼小衔接教育实践中的痛难点问题。

4. 专题讲座：邀请专家学者举办专题讲座，提高两级教师的专业素养。

5. 教研沙龙：围绕幼小衔接教育相关主题，分享各自的教学经验和成果，共同探讨如何更好地实现幼小衔接。

6. 网络平台：通过龙湖教研管理平台共享幼小衔接教学教研资源，利用信息技术手段，为教师提供便捷的交流空间，促进教师之间的即时互动和远程协作。

第五条 联合教研的内容

1. 儿童发展：研究儿童身心发展规律，了解儿童在幼儿园与小学阶段的发展特点和需求。

2. 课程设置：探讨幼儿园与小学课程的衔接问题，优化课程设置，实现课程内容的有机衔接。

3. 教学方法：研究适合幼儿园与小学儿童的教学方法，提高教学效果。

4. 评价方式：探讨幼儿园与小学教育教学评价方式的衔接问题，建立科学合理的评价体系。

第六条 联合教研的组织与实施

1. 成立联合教研领导小组，负责制定联合教研计划，组织实施联合教研活动。

2.建立联合教研工作机制，明确幼儿园与小学之间的职责分工，加强沟通与协调。

3.区教师发展中心为结对园校各安排一名项目教研组教研员作为幼小衔接工作联络指导员，教研员向试点园（校）的园（校）长传达上级有关工作精神，负责对接支持幼儿园与小学两个平行单位。

4.结对园校定期开展联合教研活动，每学期不少于两次。

5.加强联合教研成果的推广与应用，促进幼儿园与小学教育教学质量的提高。

第七条 联合教研的保障措施

1.加强政策支持：学校应给予联合教研充分的政策支持和资源保障，确保教研活动的顺利开展。

2.建立经费保障机制：设立联合教研专项经费，用于支持联合教研的开展和实施。

3.强化教师培训：定期开展教师培训课程，提高教师的教育教学水平和跨学段教研能力。

4.加强交流与合作：积极与其他学校和教研机构开展交流与合作，借鉴先进经验和做法，推动联合教研的深入发展。

第八条 本制度由龙湖区教师发展中心负责解释，自发布之日起施行，各参与单位应根据本制度要求，结合实际情况制定具体实施细则，确保联合教研制度的落地生效。

汕头市龙湖区教师发展中心

2021年8月

第二节 联合教研开展过程

通过广东省学前教育高质量发展实验区（汕头龙湖）幼儿园与小学科学衔接项目研讨活动，我们了解到在幼小衔接实验区建设过程中是如何建立联合教研制度的。

龙湖区幼小衔接项目研讨活动

为深入贯彻落实教育部《关于大力推进幼儿园与小学科学衔接的指导意见》文件精神，深入推进幼小科学衔接工作，2023年11月28日，广东省学前教育高质量发展实验区（汕头龙湖）幼儿园与小学科学衔接项目研讨活动在龙湖区教师发展中心举行。28至29日，项目阶段成果展示活动在龙湖区各试点园校展开。在此次成果展示活动中，来自全市多所小学、幼儿园的校长、园长、骨干教师分批走进各试点园校，通过特色活动现场观摩、课堂观摩、游戏活动观摩、教研沙龙、案例分享等方式，共同探讨幼小衔接热点话题。

一、试点园在"积极准备"中凝聚推力

11月29日，来自全市各校、各园的校长、园长、骨干教师走进汕头经济特区中心幼儿园幼教集团总园、童心同梦园、丹霞园进行实地观摩。大家观摩了试点园的"潮集市"等游戏活动，以及幼小衔接课例《捕鱼歌》《神秘的舞会》《我的时间计划表》，并参与教研沙龙，围绕幼小衔接教育中的评价路径与方式、家园校共育等热点话题进行探讨交流，听取学校、幼儿园的幼小衔接教育实践经验。来园观摩的校长、园长、教师充分肯定试点园的先行经验，大家纷纷表示此次展示活动内容丰富，既有一线教师的活动课例展示、幼小衔接的课程设计分享，又有幼小科学衔接先进理念传递、幼小衔接教育中儿童发展评价策略分享以及家园校合作共育的经验介绍等，可谓"干货满满"。自项目启动以来，龙湖区各试点园强化与结对校的联合教研，基于园本课程，重点围绕社会交往、自我调控、规则意识、专注坚持等进入小学所需的关键素质，开展以游戏化、体验式、探究式为主的系列活动，开展幼小衔接专题家长会，加强家园社共育工作，实施有针对性的入学准备教育。

试点园活动现场

二、试点校在"主动适应"中形成拉力

11月28日，来自全市各校、各园的校长、园长、骨干教师走进金湾学校、金阳小学、丹霞小学进行实地观摩。大家观摩了"拼音游乐园"等幼小衔接特色活动、幼小衔接课例《鸭子拌嘴》《小书包》《认识钟表》等，并进行案例分享，深入了解各试点校在课程研发、高效课堂、学科整合等方面建构衔接课程的特色做法。试点校的教师通过游戏闯关、创编儿歌、唱童谣等学生喜爱的形式，强化以儿童为主体的探究性、体验式学习。生动活泼、充满童趣的课堂活动获得来校观摩的校长、园长、教师的一致好评。一个阶段以来，龙湖区各试点小学结合"双减"政策要求，设置幼小衔接适应期，创设包容和支持性的环境，关注个体差异，调整一年级的课程教学及管理方式，设置如棋类、武术、科创、手工、心理等过渡性活动课程，开展优化作业设计研究，通过游考等方式改进学生评价，加强家校社共育工作，积极探索实施入学适应教育。

三、共研科学衔接　助力幼小协同

广东省学前教育高质量发展实验区（汕头龙湖）幼儿园与小学科学衔接项目于2021年正式立项。自项目立项以来，龙湖区教师发展中心把幼小衔接作为教研工作的重要内容纳入年度、学期教研计划，并组建项目教研组，联合试点园校，构建区域幼小衔接"三联"工作机制，形成教育行政部门支持、教研部门专业指导、幼儿园和小学实施的立体合作网络。通过主题教研、观摩彼此课堂等形式，深化幼小教师交流，在深化课堂互动中达成观念共识，推进幼小衔接课程研究，初步形成教师"互动—互换"模式与课程"对话—合作"格局。在此次活动中，各试点园校充分发挥示范引领作用，将项目阶段性成果、经验广泛辐射，为全市的幼小衔接教育工作注入活力，促进区域幼小衔接教育工作的开展。

第三节　汕头市龙湖区幼小衔接课程指引（试行）

幼儿园入学准备篇

汕头市龙湖区幼儿园幼小衔接入学准备课程指引（试行）

汕头经济特区中心幼儿园　　赵洁纯　董肖欣

　　为进一步提升龙湖区幼儿园幼小衔接课程的实施质量，引导幼儿园有目的、有计划、科学地开展入学准备教育，帮助幼儿主动、自信、快乐地融入小学学习生活，实现从幼儿园到小学的自然、平稳、顺利过渡，特制定《汕头市龙湖区幼儿园幼小衔接入学准备课程指引（试行）》。

（一）指导思想

　　3—6岁是为幼儿后继学习和终身发展打下基础的重要阶段，也是为幼儿做好入学准备的关键阶段。汕头市龙湖区幼儿园遵循幼儿身心发展规律，聚焦幼儿在进入小学前的身心等各方面准备，深入贯彻落实《3—6岁儿童学习与发展指南》《幼儿园教育指导纲要（试行）》《幼儿园入学准备教育指导要点》《广东省幼儿园一日活动指引（试行）》等文件精神，科学设计和实施幼小衔接入学准备活动，杜绝单纯的知识学习和简单的技能训练，把握幼儿发展目标和幼小衔接阶段

---

① 入学准备教育应有机渗透于幼儿园三年保育教育工作的全过程，幼儿园大班是重点衔接阶段，大班下学期是关键衔接阶段。本课程指引主要围绕大班阶段教育活动进行编制。

幼儿的学习方式和特点，根据大班幼儿①即将进入小学的特殊需要，围绕社会交往、自我调控、规则意识、专注坚持等进入小学所需的关键素质，关注幼儿园一日活动中幼儿的真实体验和经验习得，在一日活动的渗透教育和主题活动中，实施有针对性的入学准备教育，促进幼儿身心全面和谐发展。

（二）幼儿发展目标

1. 热爱运动，身心健康，对小学生活充满期待，希望成为一名小学生，具有积极的情感体验。

2. 养成良好的生活习惯，树立时间观念，具有自我服务、自我保护等基本的生活能力，积极主动承担一定的劳动任务。

3. 具备一定的规则意识与任务意识，能够独立执行和完成任务，也能够和同伴分工合作完成任务；能够主动表达自己的想法和需求；初步建立对集体、家乡和祖国的归属感与认同感。

4. 对新事物有好奇心与探究欲，具有一定的专注力、坚持性、计划性，有初步的逻辑思维能力和解决日常生活问题的能力，具有浓厚的学习兴趣和倾听、表达、阅读等基础学习能力，做好必要的书写准备。

（三）课程设置

幼儿园幼小衔接入学准备课程应通过幼儿园一日活动的各个环节进行渗透，并通过有针对性的主题活动进行实施。

1. 渗透教育

把入学准备教育发展目标和内容要求融入幼儿园一日活动（生活活动、体育活动、自主游戏活动和学习活动）中，有机渗透四大准备（身心准备、生活准备、社会准备、学习准备）的关键经验，支持幼儿通过直接感知、实际操作和亲身体验等方式积累经验，做到灵活而有创造性地落实入学准备教育。

活动类型及功能	一日生活环节	关键经验
生活活动： 贯穿于幼儿的一日活动中，旨在帮助幼儿发展生活自理、与人交往、自我保护等能力，逐步养成健康的生活规则和习惯。	入园	**身心准备·情绪良好：** 保持积极、稳定的情绪，具备一定的情绪调控能力，能够情绪愉快地入园。 **生活准备·生活习惯：** 保持规律作息，坚持早睡早起，睡眠充足；乐于配合晨检，身体不适能告诉医务（保健）人员。 **生活准备·生活自理：** 能分类收纳并整理和保管好自己的物品；在指定位置有序摆放个人物品；有初步的时间观念，做事不拖沓。 **生活准备·参与劳动：** 主动承担清洁、整理等班级劳动，做一些力所能及的劳动。 **社会准备·交往合作：** 愿意与人交往，主动、大方地向保健人员、教师、保育员、保安叔叔及同伴问好。 **社会准备·任务意识：** 自觉、独立完成老师安排的任务，协商分配、参与值日生工作。 **学习准备·学习习惯：** 做事有一定的计划性，了解一日活动安排，尝试有计划地安排自己的活动。
	饮水如厕盥洗	**生活准备·生活习惯：** 保持良好的个人卫生习惯，饭前、便后、手脏时自觉洗手；使用正确的方法如厕、盥洗，有节约用水的意识。 **生活准备·生活自理：** 做好个人生活管理，按需喝水、如厕、增减衣物；如厕后自己整理个人衣物。 **生活准备·安全防护：** 自觉遵守基本的安全规则和行为规范，有自我保护意识，知道人多时要排队、轮流取水、如厕、盥洗，不玩水，不打闹。
	餐点	**身心准备·动作协调：** 手部动作协调，能熟练使用筷子用餐。 **生活准备·生活习惯：** 文明进餐，遵守用餐规则和礼仪，不挑食，不浪费；养成良好的个人卫生习惯，保持餐桌、地面整洁等；餐后擦嘴、漱口，方法正确，逐渐形成习惯。 **生活准备·生活自理：** 正确使用餐具和餐巾，坐姿正确、速度适中地进餐；餐后能独立收放餐具，并送到指定地点。 **生活准备·参与劳动：** 主动承担并帮助保育员分发餐具、毛巾、食物等。 **社会准备·任务意识：** 作为值日生能够自觉与同伴分工完成值日生工作。 **生活准备·安全防护：** 自觉遵守基本的安全规则，有自我保护意识，将食物完全吞咽，结束就餐后离开饭桌；知道餐后不剧烈走和跑等。

活动类型及功能	一日生活环节	关键经验
	午睡	**生活准备·生活习惯**：保持规律作息，安静入睡，不影响他人。 **生活准备·生活自理**：做好个人生活管理，安静、有序地进入睡室，自己脱下衣物、鞋子，整理个人物品，在指定位置摆放整齐；起床后自己穿衣、整理。
	离园	**生活准备·生活自理**：能分类收纳并整理和保管好自己的书包、衣物等物品。 **生活准备·参与劳动**：主动承担清洁、整理等班级劳动，将椅子、玩具等归位，摆放整齐。 **社会准备·任务意识**：自觉、独立完成老师安排的任务，协商分配、参与值日生工作。 **社会准备·交往合作**：愿意与人交往，主动和教师、同伴道别，愉快离园。 **生活准备·安全防护**：自觉遵守基本的安全规则和交通规则，有自我保护意识，遇到危险会求助。
体育活动： 通过器械运动、自然因素锻炼、操节等形式开展的日常运动。体育活动能增强幼儿运动能力和环境适应能力，是幼儿形成健康体魄、愉快情绪的重要途径。幼儿每天体育活动不少于1小时。	操节	**身心准备·情绪良好**：保持充沛精力和良好情绪，喜欢做操，积极参加操节活动。 **身心准备·动作协调**：动作协调，灵敏，操节动作合拍、有力。 **社会准备·交往合作**：自觉和同伴合作做操，完成操节队列的变化。 **社会准备·诚实守规**：自觉遵守规则，有序取放、合理使用做操器材。 **生活准备·生活自理**：主动整理衣物，为做操做准备，能按需增减衣物。
	自选活动	**身心准备·喜欢运动**：保持充沛精力和良好情绪，积极参加多种形式的户外活动，连续参加体育活动半小时以上，坚持锻炼；知道体育器械、器材的玩法和简单功能，选择自己喜欢的体育器材和活动。 **身心准备·动作协调**：具有一定的平衡能力，动作协调、灵敏；具有一定的力量和耐力。 **生活准备·生活自理**：做好个人生活管理，运动时按需增减衣物。 **生活准备·安全防护**：有自我保护意识；身体不适时，主动告诉保教人员。 **生活准备·参与劳动**：主动协助教师、同伴取放与整理体育器材。

活动类型 及功能	一日生活 环节	关键经验
体育活动： 通过器械运动、自然因素锻炼、操节等形式开展的日常运动。体育活动能增强幼儿运动能力和环境适应能力，是幼儿形成健康体魄、愉快情绪的重要途径。幼儿每天体育活动不少于1小时。	自选活动	**社会准备·交往合作**：与同伴友好相处，乐于和同伴分享体育器材；能运用协商、讨论、合作等方法解决矛盾冲突。 **社会准备·诚实守规**：遵守基本的体育活动规则，能与同伴讨论制定自选活动规则并遵守规则。 **学习准备·好奇好问**：对不同的体育器材有好奇心和探究欲，爱护器材，乐于动手动脑，敢于自主尝试新玩法，创造新游戏。 **学习准备·学习习惯**：敢于尝试有一定难度的活动，坚持并专注地完成自主选择的运动，遇到困难不放弃。 **学习准备·学习兴趣**：认真倾听教师的要求与同伴的表达，并乐于与教师、同伴分享体育活动中的感受。
	集体活动	**身心准备·喜欢运动**：保持充沛精力和良好情绪，积极参加多种形式的户外活动，坚持锻炼；知道体育器械、器材的玩法和简单功能，根据要求积极尝试新玩法。 **身心准备·动作协调**：具有一定的平衡能力，动作协调、灵敏；具有一定的力量和耐力；掌握走、跑、跳、攀爬、投掷、钻、平衡等各种基本动作技能。 **生活准备·生活自理**：做好个人生活管理，运动时按需增减衣物。 **生活准备·安全防护**：有自我保护意识，身体不适时，主动告诉保教人员。 **生活准备·参与劳动**：主动协助教师、同伴取放与整理体育器材。 **社会准备·交往合作**：与同伴友好相处，乐于和同伴分享互学；能运用协商、讨论、合作等方法解决矛盾冲突。 **社会准备·诚实守规**：遵守基本的体育活动规则。 **社会准备·热爱集体**：建立对集体的归属感和认同感，在集体运动中体验成就感和荣誉感。 **学习准备·好奇好问**：对不同的体育器材有好奇心和探究欲，爱护器材，乐于动手动脑，根据要求积极尝试新玩法。 **学习准备·学习习惯**：敢于尝试有一定难度的活动，坚持并专注地完成自主选择的运动，遇到困难不放弃。 **学习准备·学习兴趣**：认真倾听教师的要求与同伴的表达，并乐于与教师和同伴分享体育活动中的感受。

活动类型及功能	一日生活环节	关键经验
自主游戏活动:满足幼儿的个体需要,促进幼儿在自发、自主、自由的活动中发展想象力、创造力、交往合作能力及提升好奇探究的品质。需要保证幼儿每天连续进行不少于1小时的自主游戏。	自主游戏活动	**身心准备·情绪良好**:保持积极、稳定的情绪状态,具备一定的情绪调控能力。 **身心准备·动作协调**:手部动作协调,能使用画笔、剪刀、小型积塑工具等游戏玩具和材料,熟练进行画、剪、折、贴、拼等各种活动。 **生活准备·安全防护**:知道基本的安全常识,有自我保护意识,避免危险发生。 **生活准备·参与劳动**:主动按要求收拾并分类整理游戏材料及场地。 **社会准备·交往合作**:与同伴友好相处,分工合作进行游戏,遇到困难互帮互助,发生游戏冲突时,能用恰当的方法表达自己的想法和需要,倾听同伴意见,尝试用协商、合作、分享、轮流和等待等方法解决;主动向教师表达自己的需求和想法。 **社会准备·诚实守规**:与同伴讨论制定游戏规则并自觉遵守。 **学习准备·好奇好问**:对身边的事物感兴趣,有好奇心和探究欲,主动对各类游戏材料进行观察、提问等探究行为,持续深入寻找问题的答案;敢于自主尝试新玩法,创造新游戏。 **学习准备·学习习惯**:游戏过程中持续专注,遇到困难时,积极想办法解决问题;在游戏中有一定的计划性;乐于独立思考并敢于表达。 **学习准备·学习兴趣**:积极参加自己喜欢的游戏活动,主动选择自己喜爱的材料、场地、伙伴等开展游戏;对各类游戏活动具有浓厚的学习兴趣。 **学习准备·学习能力**:能与材料、空间、教师、同伴积极互动进行游戏;清楚地向教师与同伴讲述自己的游戏过程;在教师的指导下,进行自我评价,能够用语言、图画、符号等方式分享自己的游戏感受和经验;具有一定的艺术表现与创造能力,在游戏中乐于进行创作活动。
学习活动:采用游戏、谈话、实验、操作、实地参观、听赏、表演等多种方式,(接下)	区域学习活动	**身心准备·情绪良好**:保持积极、稳定的情绪状态,具备一定的情绪调控能力。 **身心准备·动作协调**:手部动作协调,能使用画笔、剪刀、小型积塑工具等游戏玩具和材料,熟练进行画、剪、折、贴、拼等各种活动。 **生活准备·生活自理**:有初步的时间观念,养成守时、不拖沓的好习惯。

活动类型及功能	一日生活环节	关键经验
（接上）有目的、有计划地引导幼儿通过直接感知、实际操作和亲身体验获取经验，帮助幼儿逐步养成积极主动、认真专注、敢于探究和尝试、乐于想象和创造等良好学习品质。	区域学习活动	**生活准备·生活习惯**：养成良好的个人生活习惯，有保护视力的意识，不在光线过强或过暗的环境中读、写、画，保持良好的读写姿势。 **生活准备·安全防护**：知道基本的安全常识，有自我保护意识，避免危险发生。 **生活准备·参与劳动**：主动协助教师做一些力所能及的准备工作，并按要求收拾并分类整理活动材料。 **社会准备·交往合作**：与同伴友好相处，分工合作进行活动，遇到困难互帮互助，发生游戏冲突时，能用恰当的方法表达自己的想法和需要，倾听同伴意见，尝试用协商、合作、分享、轮流和等待等方法解决；主动向教师表达自己的需求和想法。 **社会准备·诚实守规**：遵守区域活动中的游戏规则，提高自觉守规的能力。 **社会准备·任务意识**：明确区域活动中的任务与责任，能够合理计划小组活动或个别活动任务，明确小组成员分工或个人具体任务，并自觉完成。 **学习准备·好奇好问**：对身边的事物感兴趣，有好奇心和探究欲，主动对各类区域活动材料进行观察、提问等探究行为，持续深入寻找问题的答案。 **学习准备·学习习惯**：有计划地安排自己的活动；活动过程中持续专注，坚持做完一件事；遇到困难时，积极想办法解决问题；乐于独立思考并敢于表达。 **学习准备·学习兴趣**：积极参加自己喜欢的区域活动，主动选择自己喜爱的材料、伙伴等开展游戏；对学习活动感兴趣，愿意参与讨论有关学习活动准备的话题，表达想法、明确任务。 **学习准备·学习能力**：在区域活动中积极观察、操作、体验；清楚地向教师与同伴讲述自己的活动过程；在教师的指导下，进行自我评价，能够用语言、图画、符号等方式分享自己的游戏感受和经验；具有一定的艺术表现与创造能力，乐于进行创作活动。
	集体教学活动	**身心准备·向往入学**：积极参加主题系列活动，通过参观小学、体验小学课堂等方式，初步了解小学，对小学学习生活充满期待，萌发成为一名小学生的愿望。 **身心准备·情绪良好**：保持积极、稳定的情绪状态，具备一定的情绪调控能力。

活动类型 及功能	一日生活 环节	关键经验
集体教学 活动		**身心准备·动作协调**：手部动作协调，能使用画笔、剪刀、小型积塑工具等游戏玩具和材料，熟练进行画、剪、折、贴、拼等各种活动。 **生活准备·参与劳动**：主动协助教师做一些力所能及的准备工作，并按要求收拾、分类整理活动材料。 **社会准备·交往合作**：与同伴合作学习，友好协商，遇到困难互帮互助，不打扰他人的学习活动；主动向教师表达自己的需求和想法。 **社会准备·诚实守规**：遵守集体活动的基本规则，做到主动提问、轮流发言，教师、同伴讲话时认真倾听，不随意打断。 **社会准备·任务意识**：理解教师的任务要求，能够合理计划并自觉完成。 **学习准备·好奇好问**：对身边的事物感兴趣，有好奇心和探究欲；喜欢刨根问底，主动思考，乐于提问，积极回应，愿意交流分享。 **学习准备·学习习惯**：活动过程中持续专注，分心时能在教师的提醒下调整注意力；遇到困难时，积极想办法解决问题；乐于独立思考，能清楚、大方地表达自己的想法。 **学习准备·学习兴趣**：积极参加集体教学活动，对各类学习活动感兴趣，愿意参与讨论有关学习活动的话题，主动、持久、投入地学习；喜欢阅读，乐于与他人一起看书讲故事。 **学习准备·学习能力**：在活动中积极观察、操作、体验；有序、连贯、清楚地向教师与同伴讲述事情，讲述时能使用常见的形容词、同义词等，语言比较生动；具有初步的阅读理解能力、书面表达的愿望和初步技能；在教师的指导下，进行自我评价，能够用语言、图画、符号、文字等方式分享自己的感受和经验；具有一定的艺术表现与创造能力，乐于进行创作活动；尝试运用数数、排序、简单的统计和测量等数学方法解决日常生活中的问题。

2. 主题活动

在大班下学期，幼儿园针对四大准备，围绕毕业、升小学等话题，有针对性地设计与实施相关的主题教育活动，通过集体教学活动、实践体验活动、区域学习活动、亲子活动等，引导幼儿了解小学生活，增进幼儿对自身成长的自豪感，激发升学的愿望，并进一步培养良好的生活与学习习惯，促进生活自理能力、情绪调控能力、社会交往能力等的发展，促进幼儿形成积极主动的学习态度和良好的学习品质。

主题活动	总目标	活动列举
小书包的秘密	认识学习用品，爱护和正确使用学习用品，学习并坚持独立整理和保管好自己的用品	**实践体验活动：** ·文具总动员（了解书包、各种学习用品的功能，向往成为一名小学生） ·购买学习用品（运用习得的10以内的运算经验，有计划地选择、购买学习用品）
		集体教学活动： ·书包的秘密（在看看、说说、做做中了解书包的结构和功能，学习整理书包的方法） ·物归原处我能行（阅读《找不到的眼镜》《乱扔东西的塔格叔叔》等绘本，理解故事的主要情节，知道物归原处、有序整理的重要性）
		区域学习活动： ·我喜欢的书包（在制作和装饰中大胆想象，表达对书包的喜爱） ·谁的书包最整洁（整理小书包，记录交流整理的好方法，并尝试自我评价） ·文具功能大揭秘（在探索中了解学习用品的特点，熟悉功能，发展手部动作的灵活性、协调性）
		亲子活动： ·我的小背包（在参加各种外出活动前，有计划地整理所需物品，爱护和保管好小背包，逐步做好生活的自我管理和服务） ·整理我的房间（学习整理家中房间的物品，逐步养成归类整理的习惯）

主题活动	总目标	活动列举
小学生活万花筒	初步了解小学生的学习和活动，对小学生活充满向往，萌发上小学的愿望	**实践体验活动：** ·参观小学（通过参观小学环境，观摩升旗仪式，观看小学生的学习、社团等活动，采访小学生、体验小学课堂等途径，了解小学生活中各种有趣的活动） **集体教学活动：** ·小学研学计划（通过讨论，设计参观小学的活动计划，做好活动准备，激发对小学生活的兴趣和期待，培养做事的条理性与计划性） ·幼儿园与小学大不同（交流参观小学时发生的各种有趣的人和事，比较幼儿园与小学在环境、活动等方面的异同，尝试运用比较复杂的句式完整、清晰地讲述自己的所见所闻） **区域学习活动：** ·心目中的小学（在创意建构、绘画等表征中表现心目中向往的小学，增进对上小学的期待） ·小学畅想曲（阅读《小学有什么》《大卫上学去》等绘本，理解画面，能发现画面之间的联系，用清晰连贯的语言表达对小学生活的了解与感受） **亲子活动：** ·小学有多远（了解即将就读的小学以及小学周围的环境，了解从家到学校的各种出行方式及所需时间） ·小学趣事（听爸爸妈妈、哥哥姐姐或亲戚邻居讲小学时的趣事，在聊天过程中感受小学生活的快乐，建立对小学生活的正面积极印象）

主题活动	总目标	活动列举
礼别"幼"时光	体会成长的变化与情感，感受幼儿园生活的美好，珍惜与老师、同伴的情谊，以愉快的心情迎接毕业	**实践体验活动：** ·离园倒计时（感知毕业日期的临近，和同伴一起协商、安排毕业前夕的活动，珍惜在园的美好时光） ·勇敢者之夜（体验夜晚的幼儿园生活，在游戏中加深同伴间的友谊和信任，培养独立性和勇气） ·小小探险家（通过一系列的寻宝游戏和探索任务，在幼儿园内寻找特定的地点或物品，激发好奇心和探索欲，同时学习基本的方向感和地图阅读能力） ·我的毕业典礼（共同参与毕业典礼的筹备，在仪式活动中大胆表现自我，感恩师长父母，期待未来的小学生活）
		集体教学活动： ·成长的足迹（共同回忆幼儿园生活的点点滴滴，体验长大的快乐） ·毕业诗（有感情地朗诵诗歌，表达对幼儿园生活的留恋，对小学生活的向往以及对教师们和幼儿园的感恩之情）
		区域学习活动： ·毕业合影（理解重叠、远近等关系，用剪贴或绘画等方式表现班级合影） ·我的自画像（用不同的方式完成自画像，表现自我的显著特征，萌发成长的自豪感） ·给好朋友的信（用图画、符号、文字等表征方式，表达对好朋友的情感）
		亲子活动： ·离园纪念册（能辨认、书写自己的名字，在和爸爸妈妈一起收集整理幼儿园活动记录的过程中，会用自己的方式记录与表达难忘的人和事，培养集体荣誉感与归属感）

主题活动	总目标	活动列举
小学，我准备好啦	培养即将进入小学所需的关键素质与生活、学习习惯，形成积极主动的学习态度和良好的学习品质	**实践体验活动：** ·我是小主播（轮流担任小主播，乐于在集体面前分享喜欢的故事，主动关注身边的人和事，并用比较复杂的句式连贯清晰地表达） ·我是时间小主人（根据需要合理安排时间，学习自我计划、自我管理） ·小小备忘录（用自己的表征方法记录每天要完成的任务，并评价完成的情况，培养做事的计划性） ·问题树洞（经常收集感兴趣的问题，喜欢刨根问底，能够通过各种方法解决问题，激发好奇心与探究欲） ·乐享运动（通过各种体育游戏和运动会，培养对运动的兴趣和爱好，提高身体素质，学习基本的运动技能和规则，培养团队合作精神和公平竞争意识） **集体教学活动：** ·《金老爷买钟》（在阅读《金老爷买钟》中感受时间流逝的飞快，在多种游戏情境中获得对一分钟的不同感受，知道时间的宝贵，建立时间观念） ·上学去（运用已有的经验，合理安排路线及交通方式抵达学校） ·"字"从遇见你（通过各种有趣的识字游戏和活动，激发对汉字的兴趣，通过"跳房子""给小动物找家"等游戏，认识田字格的结构，做好必要的书写准备） ·《爷爷一定有办法》（在理解故事的基础上，感受即将上小学的困惑或担心，知道面对困难和问题不害怕，能寻找多种方法来解决问题，知道方法总比困难多） ·拷贝不走样（在游戏中能够清晰表达自己的指令，并能仔细倾听同伴发出的两个以上要求的指令，合作完成任务）

主题活动	总目标	活动列举
小学，我准备好啦	培养即将进入小学所需的关键素质与生活、学习习惯，形成积极主动的学习态度和良好的学习品质	**区域学习活动：** ·找得快（尝试按目录或提示卡等线索查找相应的信息，初步学会查阅资料的方法） ·我的一日计划（认识时钟，能结合一日生活理解时间与事件之间的关系，如日常生活事件发生的先后次序、时长等） ·一分钟能干什么（在规定时间内完成夹弹珠、捆木棍等任务，积累好方法，发展手部动作的灵活性、协调性，理解时间与完成顺序、动作节奏之间的关系，养成守时、不拖沓的好习惯） ·走迷宫（在仔细观察的基础上发现线索，感知空间方位） ·棋类活动（在玩五子棋、飞行棋、斗兽棋等棋类游戏中了解并遵守棋类游戏的规则，培养逻辑思维能力和策略规划能力） **亲子活动：** ·《生气汤》（亲子共读，在绘本阅读中认识并接纳自己的各种不同情绪，学会表达自己的感受、调控情绪） ·劳动小能手（和爸爸妈妈共同协商并制定家务清单，参与力所能及的家务劳动，能根据计划按时完成，提高自理能力和动手能力，增强自信心，培养初步的责任感）

小学入学适应篇

汕头市龙湖区小学幼小衔接一年级入学适应指引（试行）

汕头市龙湖区教师发展中心　潘丹彤

根据教育部出台的《关于大力推进幼儿园与小学科学衔接的指导意见》精神，龙湖区教师发展中心积极开展广东省学前教育高质量发展实验区（汕头龙湖）幼儿园与小学科学衔接项目研究，为深入推进小学与幼儿园的双向衔接，促进一线教师做好幼儿的入学适应教育，促进儿童身心全面适应，特出台《汕头市龙湖区幼小衔接一年级入学适应指引（试行）》。本指引根据《小学入学适应教育指导要点》及《义务教育课程方案和课程标准（2022年版）》，围绕儿童进入小学所需的关键素质，以及各学科课标在学段课标上的设置，结合本区域学情，从身心适应、生活适应、社会适应和学习适应四个方面编制，供全区公办小学使用。

（一）身心适应

1. 喜欢上学

（1）一年级前两个月的课堂学习时间为半小时，十分钟为游戏时间。

（2）课堂学习方式以活动化、游戏化、生活化方式为主。

（3）创设与幼儿园衔接的学校环境。

（4）培养小学生的荣誉感，记住校名和班级，积极参与学校和班级的活动。

2. 快乐向上

（1）注意观察，了解儿童，营造关爱、融洽的班级氛围。

（2）引导儿童调节自己的情绪，学会用适当的方式化解自己的消极情绪。

（3）培养孩子在遇到困难和危险时懂得求助。

3. 积极锻炼

（1）培养儿童锻炼的习惯，促进精细动作发展。

（2）在日常的生活和运动中保持正确的身体姿态。

（3）初步了解个人卫生保健知识。

（4）懂得立正、踏步、齐步走等基本体操动作。

（二）生活适应

1. 生活习惯

（1）引导孩子合理安排作息时间。

（2）培养孩子良好的生活习惯和用眼卫生习惯。

（3）引导孩子爱护学校、家庭和社会公共环境卫生。

2. 自理能力

（1）培养孩子的生活自理能力，指导儿童有序整理学习用品。

（2）引导孩子快速做好课前准备。

3. 安全防护

（1）指导儿童认识学校和社区的安全标识。

（2）安全开展课间活动。

（3）引导孩子学会发现和识别身边的安全隐患，注意上下学的个人安全，学会保护自己。做好防溺水等安全教育。

4. 热爱劳动

（1）培养孩子掌握清扫地面、洗小件衣物等简单劳动的方法，养成讲究个人卫生的意识和习惯。养成不随便扔垃圾的习惯，初步建立垃圾分类的意识和维护公共卫生的意识。在清洁地面、衣物、桌椅等过程中，感受劳动的快乐，愿意参加劳动。

（2）培养孩子具有种植和养护常见植物或养殖小动物的意愿，初步了解身边常见动植物的养护方法，知道种植、养殖活动与自然界的紧密关系。

（3）孩子能表达参与农业劳动后收获的快乐，初步具有关心、照顾身边常见动植物的责任心和农业生产安全意识，知道做事认真负责、有始有终的道理。

（三）社会适应

1. 融入集体

（1）帮助儿童逐步融入新班级，感受集体生活的快乐。热爱学校和班集体，有集体荣誉感，能关心和帮助他人。

（2）引导孩子能够表达自己的感受，学习倾听他人的意见。

（3）引导孩子遵守学校纪律，维护课堂秩序。了解生活中的规则，知道在生活中人人都应遵守规则，具有初步的规则意识。

2. 人际交往

（1）引导孩子愿意主动接近老师，有问题能寻求老师帮助，能与同伴交流分享，互帮互助，能协商解决问题。

（2）引导孩子学习小组合作学习的方法，明确小组合作学习中小组长的组织职责，学会和组员交流合作，懂得如何汇总小组意见并进行汇报，懂得倾听和补充意见。

3. 遵规守纪

（1）引导孩子了解并遵守《小学生日常行为规范》和校规的基本要求，有明确的规则意识。

（2）引导孩子能积极参与班级及各类活动规则的制定，想办法扩展游戏或推进活动。

4. 品德养成

（1）引导孩子知道中华民族是一个统一的大家庭；认识国旗、国徽和党旗，知道自己是中国人；感知中华优秀传统文化。

（2）引导孩子能初步分辨是非，做了错事能承认和改正。

（3）培养孩子喜欢集体生活，爱护班级荣誉，具有爱家乡、爱祖国的情感。

（4）引导孩子感知父母的辛劳，孝敬父母，尊重师长。

（四）学习适应

1. 乐学好问

（1）创设敢问想问的氛围，激发儿童的求知欲，引导儿童在观察、阅读、互动讨论等情境中，能发现问题、提出问题，能够对不懂的现象进行追问和探究。

（2）提倡课堂中以"问题串""任务群"等形式设计教学，引导学生思考问题，培养孩子的问题意识和逻辑思维能力。

2. 学习习惯

（1）引导儿童专注做事，指导儿童学习制订计划并坚持完成。

（2）引导孩子每天晚上做好第二天的文具和学习材料的准备。

（3）引导孩子在每个课间做好下节课的学习准备。

（4）做好孩子预习、复习方法的指导。

3. 学习兴趣

（1）为儿童提供丰富、可操作的材料，创设轻松的听说环境，培养良好的书写习惯。

（2）建设教室和学校的阅读角和图书馆，培养孩子良好的阅读习惯和阅读方法。

（3）丰富儿童的科学和数学探究素材，丰富数学活动经验。

4. 学习能力

（1）喜欢阅读，喜欢学习汉字，学说普通话，有表达交流的自信心。观察大自然，热心参加校园、社区活动，能表达自己在活动中的见闻和想法。

（2）能从日常生活中提出简单的数学问题，尝试运用所学的知识和方法解决问题。在解决问题的过程中，感悟分析问题和解决问题的基本方法，感受数学在生活中的应用，形成初步的几何直观和应用意识。

（3）认识常见物体的基本外部特征，认识生活中常见的材料，知道生活中常见的力，认识力可以改变物体的形状，认识周边常见的植物和动物，能简单描述其外部主要特征和生长过程，知道植物和动物的生存需要环境条件。

（4）开展丰富优质的美育课程，融入舞蹈、戏剧、影视等内容，激发孩子的艺术兴趣和创新意识，培养孩子审美感知、艺术表现、创意实践和文化理解的能力。

5. 评价方式

（1）创新评价方式方法，强化素养导向的评价理念。

（2）重视过程性评价与结果性评价相结合。

（3）采用孩子喜闻乐见的游考方式反馈学习情况。

第四节　联合教研案例——数学学科 试点园校联合教研活动

　　2023年4月21日下午，汕头市龙湖区教师发展中心在汕头经济特区中心幼儿园幼教集团总园举行广东省学前教育高质量发展实验区（汕头龙湖）幼小衔接项目（数学学科）试点园校联合教研活动，小学科学衔接项目小学入学适应教育教研组（数学学科）负责人及成员、部分幼儿园骨干教师参加了活动。

幼小衔接项目（数学学科）试点园校联合教研活动

　　活动中，大家首先观摩汕头经济特区中心幼儿园大班活动"一分钟游戏大挑战"，该活动以《幼儿园入学准备教育指导要点》为指导，根据大班幼儿即将进入小学的特殊需要，围绕规则意识、专注坚持等进入小学所需的关键素质，针对建立时间观念、强化任务意识等方面设计。随后，小学教师围绕所观摩的活动展开深入交流。最后，小学老师开展说课，辅以生动详细的教学案例，分享根据《义务教育数学课程标准（2022版）》《小学入学适应教育指导要点》文件精神所设计的入学适应关键期的数学课程。幼小两级教师结合日常教学工作实际中开展幼小衔接的具体做法和困惑进行面对面的交流分享，共探衔接要点，研学并进。

幼小衔接课例《挑战一分钟》展示活动　数学学科案例《比多少》说课活动

　　从幼儿园进入小学是儿童早期成长过程中一次重要的转折。儿童对初入学能否适应，一定程度上决定着其今后对学校生活的态度和情感，并影响将来的学业成绩和社会成就。2021年，教育部出台《关于大力推进幼儿园与小学科学衔接的指导意见》，要求各地要遵循儿童身心发展规律和教育规律，深化基础教育课程改革，建立幼儿园与小学科学衔接的长效机制，全面提高教育质量，促进儿童德智体美劳全面发展和身心健康成长。

　　自广东省学前教育高质量发展实验区（汕头龙湖）幼儿园与小学科学衔接项目启动以来，区教师发展中心积极探索联通工作机制，为结对园校各安排一名项目教研组教研员作为幼小衔接工作联络指导员，教研员向试点园（校）的园（校）长传达上级有关工作精神，负责对接、支持、指导幼儿园与小学两个平行单位，总结推广好做法、好经验。龙湖区教师发展中心开展本次活动，旨在通过观摩课堂、主题教研等形式，深化幼小教师交流，建立联合教研和学习互动共同体，促进幼儿园大班和小学低段教师在深化课堂互动中达成观念共识，提升幼小衔接教育课程研究水平，助推龙湖区幼小衔接工作取得实效。

第六章

幼小衔接合作共育案例

本章聚焦幼小衔接过程中的合作案例，主要有四个典型合作共育案例，分为小学阶段的家校社共育和幼儿园阶段的家园社共育。

第一节　家校社共育案例分享

小学阶段的家校社共育主要有来自汕头市龙湖区金阳小学和汕头市华侨试验区金湾学校（小学部）的两个案例，这两个案例分别从不同角度展示如何进行家校社共育的工作。

案例一：家校协同　助力平稳过渡
——幼小衔接创新实践探索

黄泽雄　魏晓兰　吴丹　林咏贝（汕头市龙湖区金阳小学）

在幼升小阶段，家长们对于孩子即将踏入小学阶段存在种种疑虑与担忧。如何为孩子们做好幼小衔接，使他们能够顺利适应新的学习环境，成为我们共同关注的话题，我们也深感责任重大，也愿意就此分享一些看法和建议。

一、缓步前行，激发兴趣——基于儿童心理发展理论的适应期建议

根据埃里克森的心理社会发展理论，幼儿期到儿童期是孩子自主性、主动性和社交能力发展的关键时期。从幼儿园到小学，孩子们面临着从以游戏为主到以学习为主的巨大转变，这不仅是学习环境的改变，更是对心理适应能力的挑战。家长在孩子入学后应给予足够的适

应时间，避免操之过急。家长要细心观察孩子的心理变化，多与孩子沟通，理解他们的焦虑与不安，给予他们更多的适应时间，不要急于求成，以平和的心态陪伴他们度过这个过渡阶段。

在皮亚杰的认知发展理论视角下，小学阶段的儿童正处于具体运算阶段，他们的思维开始具有逻辑性和系统性。因此，在幼小衔接阶段，家长应充分利用这一阶段儿童的认知特点，通过正面的引导，让孩子对上学充满期待。此外，还可以与孩子分享自己上学时的趣事，讲述学校生活的美好，激发孩子对小学生活的兴趣。同时，可以利用教育心理学中的奖励机制，鼓励孩子积极参与学校活动，培养他们的自信心和积极性。

二、熟悉环境，亲近学校——基于环境适应理论的校园探访活动

环境适应理论告诉我们，当个体面对新的环境时，往往会伴随着一定的适应压力。为了有效缓解孩子们从幼儿园到小学过渡阶段的焦虑情绪，家长可以主动采取行动，提前带领孩子参观小学，帮助他们熟悉并亲近未来的学习环境。

金阳小学非常支持这样的活动，并会精心组织校园探访日。在这一天，孩子和家长可以一起走进校园，感受学校的氛围。他们可以参观宽敞明亮的教室，感受学习的气息；漫步在绿草如茵的操场上，想象自己奔跑、玩耍的场景；走进充满知识的图书馆，体验阅读的乐趣。

更值得一提的是，学校还会安排孩子们与一年级的哥哥姐姐们互动。他们可以一同上一节课，听哥哥姐姐们分享学校生活的点滴，这样的"实地体验"无疑会让孩子们对小学的生活更加充满期待。通过这样的校园探访活动，孩子们不仅能够消除对学校的陌生感，还能够增加对学校的亲近感，从而减轻入学焦虑，为顺利适应小学生活打下良好的基础。

三、精心准备，养成习惯——指导学习用品准备与心理建设

在幼小衔接的关键阶段，家长不仅要关注孩子的物质准备，更要注重他们的习惯养成。根据教育学原理，我们可以为孩子的学习用品准备提供有针对性的指导，同时帮助他们养成良好的学习习惯。

在物质准备方面，家长应与孩子一起挑选适合的学习用品。选择文具时，应注重实用性和舒适性，避免过于花哨或功能过多的用品分散孩子的注意力。同时，要教会孩子如何整理书包和文具，培养他们的自理能力。家长还可以为孩子创设一个安静、整洁的学习环境，为他们提供良好的学习条件。

在习惯养成方面，家长可以通过日常生活中的点滴细节来引导孩子。例如，制订规律的作息时间，让孩子养成良好的作息习惯；鼓励孩子按时完成作业，培养他们的自律意识；与孩子一起阅读书籍，培养他们的阅读习惯等。这些习惯的养成将有助于孩子更好地适应小学生活，为未来的学习奠定坚实的基础。

四、树立观念，培养习惯——以儿童发展心理学为基础强化良好行为

儿童发展心理学为我们提供了深入了解孩子成长规律的重要视角。在幼小衔接阶段，家长应以儿童发展心理学为基础，帮助孩子树立正确的观念，培养良好的行为习惯。

首先，家长要引导孩子认识到小学生活与幼儿园生活的不同之处，帮助他们理解并接受这种变化。其次，要鼓励孩子积极面对新的挑战和机会，培养他们的自信心和适应能力。再次，家长要注重培养孩子的自我管理能力。通过制定明确的规则和目标，引导孩子学会安排自己的学习和生活时间，培养他们的时间管理能力和自我约束能力。最后，家长还应关注孩子的心理健康，及时给予关爱和支持。在孩子遇到困难和挫折时，要鼓励他们勇敢面对并寻求解决办法，帮助

他们建立积极的心态和乐观的情绪。通过树立正确的观念和培养良好的行为习惯，孩子们将能够更好地适应小学生活，为未来的成长奠定坚实的基础。

五、快乐作业，养成习惯——通过日常实践培养孩子良好的学习习惯

作业是课堂教学的有效延伸，能够检验孩子的学习效果，巩固课堂所学，并加深对知识的理解。家长应要求孩子做到"今日事今日毕"，即独立且按质按量地完成当天的全部作业。这样做既有助于巩固当天所学的内容，又可防止养成写作业拖拉的坏习惯。

在培养孩子认真完成作业的习惯时，家长要引导孩子形成正确的写字习惯。例如，在书写生字时，要求孩子做到"三到"：眼到、心到、手到。眼到，即眼睛要看清字的结构；心到，即字形要牢记心中；手到，即字要写得正确美观。家长可以定期展示孩子写得漂亮的作业，并给予积极的评价和鼓励，以激发孩子的学习兴趣和积极性。

六、培养逆商，锤炼意志——适度引入挫折以培养孩子的心理承受力

面对学习和生活中的挫折，孩子需要学会自我调节和适应。家长可以适度地让孩子体验一些挫折，以培养他们的心理承受力和抗挫能力。当孩子遇到困难时，家长要引导他们积极面对，鼓励他们尝试不同的解决方法，从而不断提高自己的应对能力。

此外，家长还可以教孩子如何根据老师的批语自改作业，以及如何认真检查作业中的错误。这样做可以及时弥补学习中的漏洞，防止错误过多过久，从而影响以后的学习。

七、陪伴过渡，安抚心灵——帮助孩子平稳度过三个情绪波动期

入学是孩子人生中的一个重要转折点，他们可能会经历三个情绪波动期：兴奋期、厌倦期和适应期。作为家长，我们需要细心观察孩子的情绪变化，给予他们足够的关爱和支持。

在兴奋期，家长可以倾听孩子分享入学的喜悦，鼓励他们对未来的学习生活充满期待。在厌倦期，家长要理解孩子的情绪变化，引导他们正确看待学习中的困难和挑战，帮助他们建立积极的学习态度。在适应期，家长要耐心陪伴孩子度过这个过程，鼓励他们积极参与学校活动，与同学友好相处，逐渐适应学校生活。

综上所述，幼小衔接阶段不仅是孩子学习环境的改变阶段，更是对他们心理和社会适应能力的考验。通过结合儿童心理学、教育学理论，我们可以更好地理解孩子的需求和特点，为他们提供更有效的支持和引导。家长应给予足够的关注和支持，帮助孩子顺利跨越这个过渡阶段，为未来的学习和生活奠定良好的基础。

案例二：双向助力　科学衔接

张惠芬　林娜（汕头市龙湖区金湾学校）

幼小衔接是幼儿园和小学两个教育阶段过渡的教育过程，也是儿童成长过程的一个重大转折。处于幼儿园与小学阶段的学生具有不尽相同的身心发展特征，解决好幼儿教育与小学教育的衔接问题，对于促进人的可持续发展、提高教育质量具有十分重要的意义。

一、案例概述

金湾学校一直以来积极探究幼小衔接的理论指导，并制定明确

的目标，在基于一年级学生身心健康发展的基础上，开展了系列常规教育教学活动。本文从"入学体验　自然过渡""课程科学　有效衔接""特色作业　落实素养""携手同行　共育美好""暖心家访　共助成长""家校联动　协同评价"六个方面入手，介绍我校目前在幼小衔接工作中的具体做法。通过这一系列有效的、科学的途径，我校一年级小朋友也顺利地实现"幼小"的平稳过渡。

二、目标与内容

一年级的小学生入学，是孩子人生旅途中的一次重大转折，学习生活发生了很大的变化，孩子可能会遇到各种问题。因此，开展小学入学适应教育时，要明确工作目标，积极探索实施入学适应教育，帮助儿童逐步适应小学生活，并明确入学适应的关键方面，有效做好入学适应。开展教育教学活动时，要着重做好四个方面，即"身心适应""生活适应""社会适应""学习适应"，让孩子平顺、和缓地度过幼小衔接的特殊时期。

三、案例的过程与方法

（一）指导背景

幼小衔接一直都是备受家长关注的热点问题。面对刚刚升入小学的孩子，家长喜忧参半，幼小衔接究竟"接"什么？2021年，教育部颁发了《关于大力推进幼儿园与小学科学衔接的指导意见》，要求建立幼儿园与小学科学衔接的长效机制，科学地做好入学准备与入学适应教育，促进儿童顺利过渡。依托上面的指导意见，我校深入分析幼小衔接的现状，在教育实践中寻找应对策略，并注意调整教育方向，携手家长，共育共建，让幼小衔接顺利进行。

（二）具体做法

1. 入学体验，自然过渡

每学年，我校均会开展两场幼小衔接体验活动。第一场是为了帮助大班孩子初步认识小学的学习生活及环境，并通过参与一年级的课堂活动，亲身体验小学生的成长变化，以此促使大班的孩子们对小学生活心生向往，以积极的心态迎接小学生活。第二场是在新学年开学前两天举行，全天沉浸式的体验，让一年级的孩子在与老师的互动问答、有趣的口令歌谣、严肃的队列训练中，进一步明确小学生在校应遵守的行为规范。同时，孩子们会再次参观校园活动，重新认识教室、办公室、卫生间、茶水间等重要场所。双重体验，成功地帮助孩子们从身心适应、生活适应、社会适应这几方面自然过渡。

幼儿园大班孩子参观金湾学校

幼儿园大班孩子体验金湾学校课堂

一年级迎新黑板主题

发放一年级新生名牌卡

一年级入学训练（队列）

幼儿园大班孩子参观金湾学校

2. 课程科学，有效衔接

课程方案强调要以新入学儿童的发展水平为依据，弥合两个学段之间在课程内容上的鸿沟，将陡坡变为缓坡。因此，我校在构建高质量幼小衔接课程时，注重将知识点融入生活，将生活搬进课堂，二者有机结合，让学生轻松掌握。同时，也会根据学生的认知规律，在活动中渗透知识，在游戏中探索知识，实现从"玩"到"学"的状态转变。除了常规课程的开展，我校还合理开展各类适合低年级的课程，五育并举，比如趣味科学、创意绘画、舞蹈、语言表演、童谣、网球、跆拳道等，让一年级的孩子在轻松的学习环境中快乐过渡。

金湾学校课后拓展班跆拳道课程大纲

教学目标

1. 了解跆拳道文化、礼仪等相关知识。
2. 熟练掌握跆拳道入门级别中的攻防手部动作以及腿法，并以跆拳道精神为核心培养学员对本项目的兴趣爱好。
3. 通过跆拳道精神提高学员的纪律性，形成正确的价值观。
4. 在专项训练中提高学员的协调性、力量、速度、自信。
5. 将所学动作在舞台上以节目形式演出，提高学员自我展示能力及自信心。

课程进度	课程内容	上课地点
第一节	学员相互认识后，教师介绍跆拳道的基础知识并展示跆拳道的基本动作	C架空层
第二节	热身上课，了解礼仪及学习跆拳道格斗式、冲拳准备及站立冲拳	
第三节	热身复习上节课所学内容，练习跆拳道腿法——正踢腿和手部动作——下格挡	
第四节	热身学习跆拳道手部格挡动作——中格挡、开立式准备	
第五节	热身检查所学内容并复习手部动作——上格挡、套路，太极拳前四个动作	
第六节	热身复习太极拳前四个动作，纠正学员动作，提高标准度	

（续表）

第七节	热身复习手部格挡动作，学习太极拳前六个动作	
第八节	热身增加所学动作熟练度，提高标准，以所学动作为内容进行检测	
第九节	热身练习腿法——前踢的动作，利用专项训练增强学员腿部爆发力	
第十节	热身复习腿法——前踢的动作，练习腿法——前踢的站姿辅助练习并过渡到独立完成	C架空层
第十一节	热身复习太极拳前六个动作，学习太极拳前十个动作	
第十二节	热身复习太极拳前十个动作，结合前踢，完成太极拳前十个动作的练习	
第十三节	热身复习前踢，增加熟练度，结合前踢的出腿方式练习横踢	
第十四节	检查本学期所学动作，在班级内进行展示及比拼	
第十五节	进行学期总结，全班进行节目编排，让学员讨论本学期学习心得	
备注	**每周二下午4:15—5:45上课，课后会布置训练作业，加以复习**	

跆拳道上课剪影

3. 特色作业，落实素养

对于刚刚升入一年级的孩子来说，游戏、活动等无疑是他们最喜欢的学习方式。因此，各学科利用学科特点，通过布置特色作业的形式让孩子在活动中复习巩固所学知识，也让家长明白这是孩子学习的重要途径。各种各样的特色活动，让家长参与到孩子的学习中，亦有利于建立良好的亲子关系。例如，语文课开展了"趣味识字剪贴报""拼音乐园"等活动，数学课开展了"创意制作钟表""数学小报——美丽的数字"等活动，校本课程开展了"快乐的一年级生活"活动，美术课开展了用废旧纸皮制作乐器等活动。

趣味识字剪贴报

拼音乐园

快乐的一年级生活

数学小报——美丽的数字

创意制作钟表　　　　　　　用废旧纸皮制作的乐器

特色活动的开展，不仅让家长在学生进入小学阶段后，更清楚孩子的学习情况，有利于家庭教育的开展，还为学生提供自主学习、自由探索、创意表达的空间，从而让学生提升综合素养，感受学习的快乐。

4. 携手同行，共育美好

开学第一天，我们通过新生家长会，面对面地与家长交流小学的学习和生活状况，介绍我校为迎接新生入学而开展的工作。入学适应教育月展演活动，学校会邀请家长代表到校观摩孩子们的精彩展示，增进家长对学校工作的了解，真正做到家校携手共育，呵护孩子健康成长。我们的家校互动还体现在微信班级群，教师在班级群里发送孩子们在校的学习、活动小视频等，让家长如"亲临"学校观摩课堂、观摩活动，全方位了解孩子在学校的学习、生活情况。

一年级新生家长会上吴校长发言　　　　一年级新生家长会

一年级新生家长会　　　　　　　　　　一年级新生家长会上林主任发言

5. 暖心家访，共助成长

家访是沟通教师、家长、学生心灵的桥梁。我们要求每一位班主任在开学后一个月内须对全班每一位同学进行家访，可以采用入户、电话、微信、视频等多种形式，与家长沟通交流，随访孩子在家的生活、学习情况，与孩子谈心聊天，特别关注特殊家庭的孩子，使每一个孩子都能顺利度过幼小衔接期，适应小学生活。

一年级家访活动

6. 家校联动，协同评价

通过家校评价手册，教师对孩子一日在校生活作出评价，家长对孩子的家庭生活作出评价，从而增进家校了解，帮助教师和家长更全面地了解孩子的适应情况，以评价促成长。

拼音验收（击鼓传花拼拼乐）

拼音验收（闯关成功）

拼音验收（乘坐韵母过山车）

拼音验收（闯关成功）

四、成效与展望

通过丰富多彩的教育活动和家校之间的共同努力，一年级的孩子基本养成了良好的学习习惯和行为习惯，极大地激发了学习的兴趣，顺利实现了幼小衔接。同时，在各项活动中，我校逐步落实了学科素养，提升了学生的综合能力。

花开有时，衔接有度。科学幼小衔接，任重而道远，我们必将厚植于心，深耕于行，做好"领路人"，携手家长，达成教育共识，形成教育合力，关注孩子身心发展特点，双向奔赴，助力孩子发展，顺利完成角色转变。

第二节　家园社共育案例分享

在浏览完小学阶段的家校合作共育之后，我们将目光聚焦于幼儿园阶段的家园合作共育，一起看看幼儿园与家长们为了使孩子们顺利度过幼小衔接期做了哪些努力。

案例一：家园合力　和雅共育

汕头市龙湖区长江幼儿园

一、指导思想

《幼儿园教育指导纲要（试行）》明确指出：幼儿园与家庭、社区密切合作，与小学相互衔接，综合利用各种教育资源，共同为幼儿的发展创造良好的条件。大班是幼儿园和小学衔接的一个关键过渡时期，而衔接阶段的重要目标，是良好的生活习惯及学习习惯的培养，汕头市龙湖区长江幼儿园围绕幼小衔接开展一系列活动，并引领家园合力共推幼小衔接活动。

二、活动目标

1. 以活动为契机，向家长分享活动，达成家园社合作意识，助力幼小衔接。

2. 以活动为平台，吸引家长积极走进园所参与活动，推进互动活动，促进家园联系的紧密性，合力做好幼小衔接教育工作。

3. 家园携手，共同培养幼儿良好的生活习惯、学习习惯，帮助幼儿做好入学的身心、社会、学习、生活等多方面准备，为入学奠定坚实的基础。

三、活动准备

1. 及时向家长介绍幼小衔接活动课程和活动资讯，了解家长对幼小衔接的需求。

2. 利用幼儿园的宣传栏、家长园地、班级微信群等平台，向家长发出邀请。

3. 通过家访、电访、家长约见、家长助教等形式，加强家园之间的联系。

4. 根据幼儿的发展水平，制定科学合理的家园互动活动方案，有效推进活动。

四、活动内容

（一）加强联系，家园共育

教师通过家访、电访、家长约见等方式不断加强家园之间的联系，向家长分享科学的幼小衔接理念与方法，了解家长对幼小衔接的困惑，并提供恰当的教育建议，引导家长通过督促幼儿养成良好的作息习惯，陪伴幼儿一起养成良好的阅读习惯，带领幼儿一起参与运动等，达成家园共育共识，帮助幼儿逐步养成良好的学习习惯和生活习惯，家园共育，稳步衔接。

亲子阅读

家长约见

（二）家长助教，走进课堂

幼儿园定期邀请热心的家长走进雅园，围绕幼小衔接多个教育问题，与小朋友一起开展了"我是时间小主人""我会保护自己""文明礼仪小潮童"等一场场生动有趣的活动。活动以小朋友们喜闻乐见的情景表演形式开展，用共情的方法引导孩子们感受，引发讨论。丰富多样的活动，让孩子们在参与互动的过程中，体验养成良好的生活习惯及学习习惯的重要性。

幼儿园各年龄班家长助教

（三）家长开放日，温暖陪伴

1. "童年，有爸爸妈妈们的陪伴，真好！"陪伴是最长情的告白，也是宝贝们童年最美好的回忆。大班级家长开放日上，活动精彩纷呈，爸爸妈妈陪伴幼儿参加幼儿园的最后一次亲子活动。活力四射的亲子篮球活动开始了，爸爸妈妈们和宝贝们一起快乐地参与。大家虽然汗流浃背，但快乐加倍，欢笑声、呐喊声环绕在幸福雅园里。

家长开放日

2. "我最棒的爸爸，我的超人老爸，我爱你爸爸！"宝贝们述说着和爸爸在一起的趣事，分享着心目中最优秀的爸爸。虽然每位爸爸各不相同，但是有一点是一样的，那就是——爸爸都是很爱很爱宝贝们的。父爱如山，宝贝们为亲爱的爸爸制作精美的小钥匙扣，将专属于爸爸的爱心礼物送给他，表达满满的爱意。

家长开放日　　　　　　　　父亲节活动

亲子作品

3. "我会编应用题了！来考考你们哦！"小朋友们把在幼儿园学到的本领自信地向爸爸妈妈展示。一场趣味盎然的游戏大闯关正在进行着。科学、语言、艺术、潮汕文化等领域的知识内容隐藏于各个游戏关卡中，宝贝们积极开动脑筋，抢答闯关，还热情地邀请爸爸妈妈们一起参与。"撕名牌大战"上演了。大家等待最好的时机，你追我赶，场面激烈。爸爸妈妈们也换上队服，一起参与游戏，共享亲子之乐。

亲子互动与表演

亲子游戏

童年的美好时光，有爸爸妈妈的陪伴，真好！在每个学期的家长开放日中，爸爸妈妈们惊喜地看到宝贝们在幼儿园学到许多知识和本领，这些都为孩子们以后进入小学的学习生活奠定坚实的基础。

（四）书香沁润，爱上阅读

书籍是一颗小小的种子，把它种在孩子们的心田，耐心地浇灌，小小的种子就能长成参天大树。幼儿园举行很多有意义的活动，倡导亲子阅读，家园合力，让孩子们爱上绘本，爱上阅读。

1. 阅读环境打造

为了激发孩子们的阅读兴趣，与绘本更近距离地接触，幼儿园通过师生合作、亲子合作等方式，为孩子们打造一个温馨舒适的阅读空间。在幼儿园门厅，老师和孩子们用画笔创作出一个个生动亮丽的绘本封面。还有亲子一同制作的风格不一的小书签、家长制作的活灵活现的毛线毛毛虫，小朋友每天都会和好朋友在幼儿园的小书吧里津津有味地品读和讨论。

阅读月幼儿园大厅环境

2. 阅读活动打卡

在阅读月活动中，老师组织小朋友和爸爸妈妈们一起开启了21天的"亲子阅读打卡"活动。有的小朋友还把故事录成音频、视频，在班群或餐前餐后与同伴分享。爱读书，读好书，大家一起感受阅读带来的快乐，也让班群的阅读温度持续升温。

幼儿在家阅读

3. "故事大王"广播站

利用"故事大王"广播站这个平台，让孩子们都来争当小小广播员，他们将在幼儿园里或在家中阅读过的最喜欢的故事，与全园的小朋友一起分享，大胆地表现自己。到期末，当小小广播员收到一张代表鼓励的奖状时，真是喜出望外、自信满满。

小小广播员

4. 亲子绘本制作

为营造良好的家庭读书氛围，倡导亲子共读理念，启发孩子听、说、读、写、画等技能，从一起制作绘本图书开始，去认识书，爱上书。在雅园的小露台，阳光暖暖，笑声阵阵，一场别开生面的亲子绘本制作开始了。在老师们的组织下，妈妈和宝贝一起合作，孩子一会帮忙绘画，一会帮忙粘贴，一会说几句故事情节，亲子合作不亦乐乎。很快，趣味十足的自制绘本新鲜出炉，有石头书、布贴书、立体小书等，艺术表现形式丰富多彩，让我们眼前一亮，让我们一起感受亲子间的其乐融融。

亲子绘本制作

（五）缤纷节日，亲子同乐

"我的六一我做主"，为了让全园的小朋友们在六一儿童节快乐地展现自我，感悟成长，爸爸妈妈们走进幼儿园，和老师们一起精心准备丰富多彩的"童趣乐园"游园活动。小朋友们开始了快乐的大游园，欢快的音乐，开怀的笑声，幸福雅园瞬间变成了大小朋友们欢乐的海洋。"母鸡下蛋""叠叠乐""套圈""夹弹珠""迷宫"等适合不同年龄段小朋友们参与的游戏项目，挑战性、趣味性十足，家长们也变成了游戏的组织者，和孩子们一起沉浸于快乐的童趣时光中。

六一游园活动

爸爸妈妈们积极争当志愿者，也来到雅园，陪伴小朋友过节，还准备了很多精美的小礼物。在礼品兑换现场，小朋友拿着游戏积分卡，兑换到了心爱的小礼物，脸上洋溢着开心的笑容。

幼儿开心地领取礼物

家长志愿者分发礼物　　　　　六一游园活动上的甜品

　　我们还特邀一群来自龙湖小学摄影团的学生代表来和弟弟妹妹一起游园。摄影团的老师和学生拿着相机捕捉孩子们快乐游园的一个个精彩瞬间，大家还一起合影，共享快乐儿童节，幼儿园还给小学生们送上节日的礼物。幼小衔接，心心相连，一切都是那么美好。

小学生代表和幼儿一起活动

（六）毕业典礼，见证成长

毕业典礼上，园长为每一位小毕业生颁发他们人生中的第一张毕业证书。时光串联起所有美好的回忆，雅园里满是孩子们成长的印记。当初蹒跚学步的小萌娃，如今已经成长为一个个阳光活力、勇敢有爱、文雅有序的新一代小潮童。毕业班的家长代表们真挚地表达对幼儿园的热爱，对老师们的不舍、信任与感谢以及对孩子们的祝福。家长们一起参与和见证了孩子们人生中的第一场毕业典礼，为孩子们的成长鼓掌！

园长颁发毕业证书

家长代表发表感言　　　　　　　　家长代表与幼儿合影

五、活动反思

通过温馨和谐的家园互动活动，一起见证孩子成长路上的点滴收获，帮助孩子学会自主、高效地自我管理，学会在正确的时间做正确的事。家长在活动中与幼儿一起分享乐趣，和老师一起梳理、分享幼小衔接的正确方法，家园合力，共育同行，一起为孩子们的健康成长保驾护航，为幼儿顺利进入小学的学习生活奠定坚实的基础！

案例二：家园携手　双向奔赴

汕头市龙湖区丹霞幼儿园

一、案例概述

为贯彻落实习近平总书记关于家庭教育的指示精神，全面推进幼儿园和小学实施入学准备和入学适应教育，减缓衔接坡度，帮助幼儿顺利实现从幼儿园到小学的过渡，我们秉承科学幼小衔接理念，实施幼儿园、家长"双向衔接"，家庭、小学、幼儿园"三方互通互学"，建立家园共育机制，把家长作为重要的合作伙伴，引导家长与幼儿园积极配合，共同做好幼小衔接工作。

以幼小衔接为切入点，对家长在幼小衔接观念上进行有效的指导，帮助家长树立正确的幼小衔接家庭教育观，为幼儿园更高效地做好幼小衔接家园共育工作打下坚实的基础。

从多层面入手，组织可行的幼小衔接家园共育系列活动，对幼小衔接中家园共育存在的问题进行分析并协商解决，彻底扭转家长在幼小衔接教育上的认知误区，努力实现在家庭教育中幼小衔接的自然延伸和过渡，让孩子实现从幼儿园到小学的平稳过渡。

二、活动内容

通过调查，掌握家长的心理动态。通过家长会、家长约见活动，组织家长学习《幼儿园教育指导纲要（试行）》《3—6岁儿童学习与发展指南》《幼儿园入学准备教育指导要点》等，并开展"幼小衔接"答疑解惑交流活动，还通过"请进来""走出去"等方式进一步了解幼小衔接内容，进而达成一致的家园衔接理念。家园校联合教研、长期交流，及时推送幼小衔接专业知识，让家长对如何进行科学的幼小衔接有了更深层次的认识，也让我园在幼小衔接研究过程中找到了切实有效的策略。

三、过程与方法

（一）掌握家长的心理动态

以"幼小衔接"为主题，对大班家长进行调查，了解家长们的疑惑，收集相关工作意见和建议。从调查反馈回来的信息中，可以看出家长们在学习品质准备方面比较重视。大部分家长认为幼儿园和小学课程差异大，从而产生幼小衔接问题。有一部分家长会担心孩子在幼儿园期间不学一些知识，上小学后学习压力会很大，担心孩子会跟不上、适应不了小学生活。但家长们还是比较客观冷静的，他们非常重视幼儿良好品质的培养，比如注意力的培养以及社会适应能力的培养等。掌握家长心理动态的第一手资料就为下一步开展工作奠定了基础。

（二）家园校联合教研

为了切实全面地开展幼小衔接活动，我园教师、家长代表与丹霞小学碧霞校区的教师进行了联合教研活动，大家围绕在幼小衔接工作中的一些疑问和困惑，如用什么方法能双向衔接好，孩子的学习习惯、行为能力的养成等方面，进行了深入的探讨和交流。在科学建构衔接机制、积极探索入学准备和入学适应教育的同时，也积累了丰富的幼小衔接家园共育的经验和方法。

家园校联合教研

家园校幼小衔接主题沙龙

（三）开展多元化学习，"请进来"和"走出去"并肩而行

1. "请进来"

召开家长会，和家长一起学习《3—6岁儿童学习与发展指南》《幼儿园入学准备教育指导要点》等，让家长明白幼儿园时期应该培养孩子哪些方面的能力，大班应怎样做好入学准备教育，幼小衔接到底衔接哪些内容，如何衔接……详细讲述如何帮助孩子做好幼小衔接的各项准备。通过家长约见活动，家长了解到亲子阅读的重要性，并学习如何开展亲子阅读。

家长开放日　　　　　　　　家长聊吧

举行半日开放活动，邀请家长入园了解幼儿半日活动流程，让家长学会观察孩子，读懂孩子，深刻了解违背幼儿需求和幼儿发展规律的危害。家长助教活动，利用家长的特长和性别角色定位，将家长真正作为教育资源纳入幼儿园课程，根据班级计划的实施，定期开展活动。在活动过程中，老师和授课家长共同商讨教案和教学方法，力求活动适宜、生动、丰富。不同职业、不同专长的家长走进幼儿园课堂，与孩子们一起感受、体验、成长。活动让家长深刻体会到"生活即教育，社会即学校"的内涵，深化了幼小衔接课程的开展，彰显出我园家园共育在幼小衔接过程中的特色。教师还结合案例指导家长怎样以正确的方法帮助孩子顺利过渡。这一系列活动，既缓解了家长焦虑的情绪，也为深度开展家园幼小衔接工作提供了保障。

幼小联合教研活动

家长助教活动

2. "走出去"

为提高幼儿的社会适应能力，幼儿园根据实际情况组织适当的社会实践活动，如参观小学等。每次活动我园都有家长自愿参与到家长志愿者团队中来，他们是园所社会实践活动中一道亮丽的风景。开展"家长代表回访座谈会"活动，请一年级家长代表与大班家长代表畅所欲言，从生活习惯入手，对孩子们步入小学后遇到的作业书写、阅读兴趣、体育锻炼等问题进行了深入交流，帮助家长们在焦虑中找到教育的最佳平衡点，从一定程度上缓解了家长的焦虑。活动让家长对如何进行科学的幼小衔接有了更深层次的认识，也让我园在幼小衔接家园共育的实施过程中找到了切实有效的策略。

家长志愿者陪同幼儿参观

（四）合力共促，优化目标

在幼儿园，孩子们经常要做的各种计划、表征，如我的时间计划、游戏计划、社会实践计划等，参观小学后用绘画、拼摆、搭建等方式表征对小学的认识和理解。教师以"家园共育提示"的方式发布给家长，建议家长同步开展相应的活动，如和孩子讨论并制订"家庭美好日"计划，规划周末的活动安排，并一起筹备、实施；家长和孩子一起做"畅想我的小学""走走上学路"等活动，讨论他将来会去哪所小学、选择这所小学的原因，了解上学的道路，规划上学方法等，还可以指导孩子与哥哥姐姐聊一聊自己感兴趣的话题。

幼儿建构"我的小学"

幼儿表征"小学校园环境"

幼儿入园时间打卡

家长同步开展相应活动

四、成效与展望

家园如同一车两轮，只有同向运转，才能共同促进孩子的发展。我们希望我们幼儿园在幼小衔接工作中起到良好的桥梁作用，加强家园之间的沟通和引导，搭建小学和幼儿园的有序"衔接"，相信在家园校三方携手努力下，孩子们一定能够顺利、有序地度过幼小衔接关键期。做好幼小衔接，防止和纠正学前教育小学化倾向，我们仍在继续努力！

第七章

教师与家长教育随笔

学前教育的任务不仅是对学龄前期幼儿的教育，还有对学前教育相关参与者的教育与引导，其中非常重要的两个主体就是家长和教师。在这么多丰富多彩的活动之后，教师和家长们有什么体验和感悟呢？

第一节　小学教师与家长教育随笔

———————— ❧ ————————

随笔一：幼小衔接中的育儿心得

文敏（汕头市龙湖区金珠小学206班刘偲文的家长）

六七岁对于一个刚从幼儿园步入小学的孩子来说，是一个很大的挑战，所要面对的不仅仅是学习方面的改变，还有教育方式、生活方式、学习环境等多方面的改变，能否很好地适应，对孩子今后学习和身心都有着极大的影响[1]。孩子需要从小养成良好的学习和生活习惯，作为孩子的家长，我想从以下几个方面谈谈我的育儿心得。

一、培养良好的阅读习惯

书籍是全世界小朋友的精神营养，阅读是孩子认识世界的窗户。良好的阅读习惯，需要长时间的坚持，能够让孩子快速适应小学的学习生活[2]。孩子很小的时候，我每天晚上都会定时和他一起共读英文绘本，我读他听，采用指读的方式，一本绘本让孩子能够自主读出来后，才换另外一本绘本。其实孩子当时并不认识字，只会看图，他凭着自己的记忆在复述绘本的内容。在他复述的过程中，我们也要求孩子指读，慢慢孩子在这个过程中就认识了很多词汇。每天的亲子共读，让孩子慢慢喜欢上了阅读，大一些能够独立阅读以后，他就自己主动阅读喜欢的书籍。为了方便阅读，我会把孩子阅读的书籍放在孩子能够容易拿到的地方，这样对他主动阅读也起到了一定的推动作用。在阅读过程中，孩子不仅增长了知识，专注力也有了很大的提升。良好的阅读习惯，让孩子在步入小学后，上课时一直都能保持高度的专注力。

二、在体育锻炼中培养孩子的意志力

体育运动具有一定的竞争性，孩子如果缺乏坚强的意志力，就容易半途而废，丧失斗志[3]。幼儿园阶段的孩子很少在学习、生活上遇到挫折，进入小学后，由于学习模式的转变、年龄的增长，学习和生活方面的挫折会逐渐增多，让孩子系统地学会一门体育技能，让他热爱体育，让挑战精神运用到学习和生活的其他方面，能让孩子在面对挫折时有坚强的意志力。体育锻炼在加强体质的同时，对于提高孩子的记忆力及反应能力也是有帮助的，而且竞技体育比赛还能磨炼孩子的意志，使孩子遇到挫折不退缩。记得有一次孩子参加羽毛球比赛，前面虽然一直处于落后，但孩子并没有放弃，一步一步紧咬比分，给自己鼓劲，在最后关头迎难而上，取得了最终的胜利。通过体育运动，孩子感受到，学习和生活中遇到挫折并不可怕，挫折面前需要勇往直前，而且在这个过程中他能体验到战胜困难的喜悦与激动之情。

三、适合孩子的兴趣爱好，让孩子更加自信

兴趣爱好并不是越多越好，每个孩子的特点都不相同，一定是适合孩子的才是最好的，才能更好地展示孩子的特点，让孩子收获更多。在选择课外兴趣班这方面，我们充分尊重孩子的想法，让他感受到自己从幼儿园到小学的成长，让他觉得自己的选择得到家长的认可。当孩子告知我们他想参加哪些课外兴趣班时，我们会跟他分析利弊并告知他选择了就不允许有中途放弃的念头，让他自己权衡利弊，懂得做任何事情不能轻易下决定，一定要考虑清楚。如果作出决定，一定要排除困难、坚持不懈，决不轻言放弃。合适的兴趣班充分挖掘孩子的特点，增强孩子的自信，使孩子从幼儿园步入小学，面对新环境，也能自信从容。

四、在游戏中培养孩子的时间观念，为小学生活做准备

幼儿园的孩子对时间并没有明确的认识及切实感知，步入小学后，生活作息和学习时间会和幼儿园有很大的区别，因而让孩子养成良好的时间观念，对孩子形成优良的个人素养有重要作用[4]。在孩子很小的时候，我们就在平时的玩耍中帮助他树立时间观念，告知他约定的时间到了，就要停止而去做其他事情。最开始是我们家长提醒孩子时间，孩子大一点后，就让他自己拿计时器定时，闹铃一响，马上停止。比如约定好每周末可以玩十分钟电脑游戏，起初闹铃响了孩子会耍赖而不遵守约定，这时我们不会批评或呵斥孩子，但会采取一定的限制措施（而不是体罚），比如取消或减少下周末的电脑游戏时间。这种约定一定要执行，这样孩子才会意识到，自己不遵守规则就会失去更多。慢慢地，孩子就会自然而然养成良好的时间观念。

五、用奖励来促进良好的学习与生活习惯的养成

良好的学习和生活习惯，对刚刚步入小学的小孩来说，十分重要。进入小学后，为了让孩子能够养成良好的学习和生活习惯，我们和孩子约定好以得分和扣分作为激励机制。独立认真完成作业、帮做家务、按时休息等都可以得到约定好的分数，反之也会有一定的扣分。达到一定的积分后，可以用积分兑换自己感兴趣的事情。这个可以兑换的分数不能让孩子很容易得到，要让孩子觉得需要付出努力才行。当然，其难度也不宜太大，孩子如果觉得很难，会打击孩子的积极性。例如，平时我们基本上不允许孩子玩手机游戏，但孩子可以选择用积分来兑换手机游戏时间（一次10分钟）。在这一过程中，既让孩子体会到了手机游戏的乐趣，也让他不会因为玩不到手机而产生抗拒心理，同时也让他体会到，通过自己的努力，可以获得平时难以得到的东西，从而逐渐养成良好的学习与生活习惯。

六、父母的陪伴及亲子互动，是给孩子最好的礼物

亲子陪伴和亲子互动是父母与孩子之间情感联结的重要方式，能够促进亲子之间的交流和沟通，拉近亲子之间的心理距离，促进孩子身心和谐、健康成长，增强孩子从幼儿园步入小学新环境后的安全感[5]。孩子五岁之前我们都是陪着他一起睡，睡前会聊聊这一天孩子在幼儿园发生的事情，一起做口算游戏、英语单词游戏等。爸爸、妈妈及孩子三个人都需要参与这一亲子互动。在这一过程中，我们可以深入了解孩子，增强亲子之间的感情，也可以锻炼孩子的表达能力，而且孩子在这个过程中也增长了知识。孩子上小学后，每次接孩子回家路上，孩子都会主动和我们谈论这一天在学校发生的事情，有他自己的，也有班里同学的，我们会互相谈谈自己的感想。爸爸工作比较忙，平时都是我陪伴孩子的时间比较多，但爸爸不管工作多忙，每个周末都会抽出一个下午陪伴孩子玩耍。爸爸会带孩子一起踢足球、打篮球，或者带孩子去公园游玩，这些都加深了亲子关系，也让孩子感受到工作努力上进的爸爸对自己的爱。

以上几点只是我的一些小小体会，希望能对大家有所帮助。每个孩子都有各自的特点，我们更应该针对孩子的特点来因材施教，让孩子能更快适应小学生活，也希望所有的父母能给孩子多一些陪伴并树立良好榜样，从而将孩子培养成独立坚强、勤奋好学、德智体美劳全面发展的新时代少年儿童。

参考文献

[1]陈燕芳．幼小衔接优化方式[J]．小学科学，2023(23):118-120.

[2]宋晓娟．幼小衔接的实践思考[J]．甘肃教育，2023(16):113-116.

[3]陆建军．小学体育教学中意志品质培养的实践研究[J]．教书育人，2023(13):59-61.

[4]吴倩．幼小衔接阶段幼儿时间观念的培养策略研究[J]．生活教育，2023(17):50-52.

[5]金玲,王蕊.0～6岁幼儿亲子陪伴现状及改进策略[J].鞍山师范学院学报,2021,23(4):98-103.

随笔二：幼小协同　科学衔接
——幼小衔接家长心得体会

林少燕（汕头市龙湖区金阳小学104班郑弘睿的家长）

幼儿园与小学，这两个紧密相连的教育阶段，虽然在孩子身心发展水平、教学内容和方法以及生活节奏上有着显著差异，但却在孩子们成长的道路上相辅相成。当孩子从幼儿园步入崭新的小学生涯时，他们会遇到一系列新的问题和挑战，同时也开始了一个全新的适应过程。在这个过程中，家校携手帮助孩子平稳过渡起着重要作用。

作为家长，我深切地感受到了幼儿园和小学之间学习方式的差异。在幼儿园阶段，孩子们主要通过各种生动、有趣的游戏活动来学习。幼儿园的教育主要着眼于培养孩子的学习兴趣，传授一些生活中的简单知识，为他们的未来发展打下坚实的基础。然而，当孩子们进入小学后，学习方式发生了显著的变化。课堂学习成为他们主要的学习形式，教学上开始强调系统的文化知识教育和读、写、算的基本训练。这种转变对孩子们来说是一个新的挑战，课堂学习取代了以前游戏活动的学习方式，需要孩子们逐渐适应并培养自己的自律性和专注力。

此外，孩子从幼儿园升入小学，其日常生活的步调也会有比较大的转变。例如上学时间、午休时长的调整，家长和老师需要给予他们足够的支持和指导，帮助他们逐渐适应新的学习环境和生活节奏。同时，也需要鼓励孩子们保持积极的心态，勇于面对挑战和困难。

值得注意的是，有些孩子在家中可能得到较多的宠爱，这无疑在一定程度上影响了他们的个人成长。例如，你可能会发现他们在生活自理方面稍显不足，对学习用品的管理也可能不够有序。在学校的班级活动中，他们可能更倾向于依赖他人，而不是主动参与和贡献。作为家长，我们不希望看到这样的情况，但我们也不必过分焦虑。我们可以鼓励他们在家里多做些力所能及的事情，培养他们的自理能力，也可以帮助他们建立良好的学习习惯，让他们更好地融入班集体生活。

以上这些都是衔接阶段可能存在的问题。为了让孩子顺利地从幼儿园阶段过渡到小学阶段，让孩子及早从心理上适应环境，迫切需要做好幼儿园阶段到小学阶段的衔接工作。通过自己的实践，我认为做好衔接工作应从以下几方面入手。

一、培养孩子渴望进入小学学习的激情

孩子年龄尚小，做事往往凭借兴趣，幼儿园大班的孩子虽然意志、品质已有很大发展，但仍然需要积极引导。孩子向往小学生活，可能只是看到小学生有新奇的文具、新课本、红领巾等，这种入学的愿望虽然较为幼稚，但也是可贵的，家长应该保护孩子的这种积极性，因势利导，鼓励孩子努力学习，激发他们做一名优秀小学生的强烈愿望。家长可以选择身边一些优秀小学生的故事讲给孩子听，使他们不仅期待当小学生，而且让他们明白做一名合格的小学生是要付出努力的，会是一件非常有成就感的事。

二、陪孩子到户外锻炼，增强孩子的体质

当孩子进入小学后，他们不仅有学科知识的学习，还有艺术、体育等方面的能力培养。这要求孩子们具备强健的体魄、出色的思维能力和坚韧的抗挫能力。在幼儿期，确保孩子获得足够的营养和体育锻炼是至关重要的，这不仅有助于预防疾病，还能为他们的成长奠定坚实的基础。此外，为孩子提供丰富多彩的游戏活动也是必不可少的。在游戏中，孩子们可以感受到愉悦和快乐，这有助于他们快乐成长。特别是户外游戏，让孩子在阳光和新鲜空气中自由奔跑，更能锻炼身体。因此，家长们应当珍惜每一个周末，抽出时间陪伴孩子到户外玩耍，让他们的童年充满欢笑。

三、亲子阅读，培养孩子良好的阅读习惯

良好的阅读习惯是每个人终身受益的宝贵财富。通过亲子阅读，我们不仅能够培养孩子的阅读兴趣，更能够深化与孩子之间的情感纽带。随着孩子识字量的不断积累，他们逐渐过渡到自主阅读，为将来的小学学习打下坚实的基础。

四、提高孩子的自理能力，养成良好的行为习惯

身为家长，我们需要悉心培育孩子的独立生活能力。我们可以从日常生活的点滴开始，教导他们如何整理书包、爱护书籍、珍惜物品，以及承担一些力所能及的家务，如整理桌面、摆放碗筷、收拾玩具等。这些活动不仅能够锻炼孩子的生活自理能力，还有助于提升他们的手部协调能力。当孩子表现积极认真或有进步时，父母要及时给予表扬和鼓励，这将进一步激发他们独立完成任务的热情。在培养孩子的过程中，我们或许会遇到一些困惑，但只要掌握了正确的教育方法，就会收获满满，让孩子成长为独立自信的小大人。

幼小衔接作为孩子成长过程中的关键一步，家长应肩负起引导与支持的重任，助力孩子顺利、愉快地度过这一时期，迈向精彩纷呈的小学生活。

随笔三：幼小衔接，怎么做
——基于幼小衔接视角下的儿童入学准备

汕头市龙湖区金阳小学 郑曼娜

摘要：做好幼儿园向小学的过渡工作可以帮助幼儿更好地应对陌生环境下的小学教育变化，良好的幼小衔接能为幼儿更好地适应今后的学习生活及终身发展奠定坚实的基础。

关键词：幼小衔接 心理准备 遵循规律

阿德勒在《儿童的人格教育》中说："一个新环境是对孩子准备情况的一种考验。如果一个孩子准备充分，他会满怀信心地迎接新环境。如果他准备不足，那么新环境将会使他紧张不安，从而导致无能感。"对准一年级的孩子来说，九月份就要升入一年级了。从阿德勒的文字中，我们可以看出，孩子为入学做好了充分的准备对其在学校的表现起着至关重要的作用。随着《幼儿园入学准备教育指导要点》《小学入学适应教育指导要点》等文件的出台，我们都知道幼小衔接不等于超前学习，那么什么是幼小衔接呢？

一、何为"幼小衔接"

幼小衔接是幼儿教育与小学教育的衔接，是两个教育阶段要实现平稳过渡的教育过程，是幼儿在其发展过程中所要面临的一个重大转折。在这个转折期中，我们要帮孩子创造条件，帮助他们平稳过渡，这将对孩子的终身发展产生积极效应。2021年教育部出台的《关于大力推进幼儿园与小学科学衔接的指导意见》明确指出：完善家园校共育机制。幼小衔接工作需要家庭、幼儿园与小学协同合作，科学做好入学准备和入学适应，促进儿童顺利过渡。所以幼小科学衔接不仅仅是幼儿园的事情，也是小学阶段尤其是低年段应该加大力度把握的重点，更是准一年级新生家长要认真学习的重要课题。但是不少家长对幼小衔接的认识和做法仍存在以下误区。

二、幼小衔接的误区

（一）多学知识，提前小学化

幼小衔接不等同于超前学习。有些家长把幼小衔接狭义地理解成多上几个"幼小衔接班"，为了让孩子"不输在起跑线上"，就让孩子提前学习认字、拼音、数数、背诵古诗词，他们只关心孩子认了多少字，会做多少算术题，以为这样就能为孩子的小学入学打好基础。但是过高的学习目标、过大的学习压力将给孩子带来极大的负担，会让孩子觉得学习很无趣，丧失学习兴趣，无形之中，把"不让孩子输在起跑线"变成了"把起跑线往前移"。由于超前学习了很多知识，孩子入学初感到学习很轻松，认为老师讲的自己都懂了，课堂上反而容易养成不爱倾听、注意力不集中的坏习惯。

华东师范大学资深心理咨询师陈默曾指出："超前教育的优势只是暂时性的，到了某个阶段就会消失，这种状况犹如揠苗助长。超前教育虽然可以让幼儿抢先学到更多的知识，但治标不治本。同时，提前灌输小学知识可能对以后幼儿在课堂上的专注性有所影响。"所以，孩子的学习是一个循序渐进的过程，每个阶段该学什么、怎么学都是有方式方法的，我们要做的是为孩子的终身长远的发展奠基，不能急功近利，不能影响孩子的身心健康。

（二）零起点不等于零准备

"零起点"不等于"零准备"。与给孩子报各种"幼小衔接班"不同的是，有些家长走入了另一个极端，他们认为孩子什么都不该学，否则会影响孩子的身心健康。虽然《关于大力推进幼儿园与小学科学衔接的指导意见》指出"坚持按课程标准零起点教学"，但"零起点"并不等于"零准备"，从幼儿园过渡到小学，提前做准备是必要的。

从一名小学老师的视角看，家长最明智的做法是把关注点放在如何激发孩子的学习兴趣，引发其对知识的好奇心上。比如，孩子喜欢搭积木，家长可以随机抓一把，让孩子数一数有多少块，和孩子一起动手，拼出各式各样的图形；和孩子散步看到路边的花，家长可以提问"这是一朵什么样的花"并引导孩子从大小、颜色、样子、气味等角度去加以形容，还可以提问"你想知道'花'字怎么写吗？""你最喜欢哪种花？""你读过带'花'字的古诗吗？"……生活无小事，处处皆学问，家长如果能从儿童的视角去看待世界，做一个好奇的、博学的家长，将知识渗透于日常的游戏和谈话中，培养孩子积极主动的学习态度，使孩子养成良好的学习习惯，对孩子更好地适应小学生活有重大意义。

三、做好准备，科学衔接

（一）做好充分的心理准备

1. 了解小学生活，激发向往小学的愿望。爱因斯坦说："兴趣是最好的老师。"有经验的低年级老师也曾直言，最难教的学生不是那些学前期知识准备不足的孩子，而是没有学习兴趣和愿望的孩子。学习需要调动孩子内在的积极性，只有使孩子向往上小学并且产生"我想学""我要学"的心理状态，孩子才能主动地学习并且学得好。因此，我们应该让孩子了解小学，喜爱小学。家长可以带孩子一起参观、熟悉小学的学习环境，了解小学的学习活动，比较小学与幼儿园的不同之处，也可以让孩子接触身边上了小学的哥哥姐姐，了解小学上课、作业、考试等情况，帮助孩子了解小学生活，进而产生上小学的愿望，实现心理上的"软着陆"。

2. 学习自理本领，培养自理能力。孩子在幼儿园期间几乎全天都有老师照看，碰到任何困难，比如系鞋带、换衣服等，老师都会第一时间去帮助孩子。而进入小学后，孩子过的是一种相对独立的学习生活，整理学习用品、上厕所、吃饭等都得靠孩子自己，孩子动作慢、能力差，势必会影响他的学习。我从多年的带班实践中也发现，小学阶段成绩优异的总是那些能力强的学生。另外，心理学研究表明，儿童能力的发展有一个关键期，在关键期内，儿童的能力易于养成，过了培养期和关键期，儿童能力的培养就显得特别困难。所以家长一定要重视孩子自理能力的培养，谨记孩子能做和应该做的事情，让孩子自己去做。在日常生活中，家长可以让孩子自己收拾玩具、自己穿衣服等，锻炼手部肌肉和手脑协调。六岁的孩子手部发育已经可以做出一些精细的动作了，做手工、涂鸦、系纽扣、系鞋带、使用筷子等，都是孩子在不断的实践中形成的生活本领，心灵与手巧相辅相成。孩子具备必备的自理能力，心理自然会变得比较强大，为日后从容走进校园，参与学习与活动做好了能力保障，从而更顺利地开启自信、快乐的小学生活。

（二）构建良好的心理氛围

1. 传递安全心理。家长要告诉小朋友，一年级的老师非常喜爱小朋友，老师和同学都会非常友好，要乐于跟老师和同学打交道，不断给孩子以正面的引导，让孩子对上小学产生期盼，而绝不能用上小学对孩子施加压力、进行恐吓，如："等你上了一年级之后，让老师好好收拾你。""你这么坐不住，将来上小学可要受罪！"这样的言辞无形中会让孩子对上小学产生不安和恐惧。能读懂孩子的家长，则会给孩子传递足够的安全心理，孩子每天都是开开心心地背着书包上学，带着笑脸迈进教室，热情地与老师打招呼，与同学一起快乐学习、游戏，觉得上学是一件非常快乐的事。

2. 遵循成长规律。世界万物都有自己的生长规律，孩子的成长也有自己的规律。家长要放松心态，学会享受与孩子一起成长的过程。有的家长对于孩子上一年级非常紧张，常常会患得患失，怕孩子输在起跑线，于是就带着孩子抢跑。抢跑效应短时间内有一定优势，但是存在的弊端却更让人担忧：孩子没耐心听课，学了皮毛就显摆，导致深度学习的缺失；浮躁、自满，久而久之，就会一次又一次碰壁，从而对学习失去兴趣。有些家长怕孩子注意力不集中，怕孩子跟不上，怕孩子临时遇到一些问题不会很好地去处理应对，把紧张情绪传染给了孩子，让孩子对上学有莫名的紧张与压力。家长们一定要相信，孩子有自己的成长节奏，老师会带着孩子一步一步地适应小学一年级的生活，一步步学习知识与本领，孩子一定会每天进步一点点，不断地获得成长。

3. 培养抗挫能力。在日常生活中，孩子一定会遇到一些困难，比如很难拼好的积木，一再弹错音的钢琴曲等，有的孩子会灰心丧气，不愿再碰这些给自己带来挫败感的事情，有的甚至会大哭大闹，肆意宣泄。这个时候，我们家长一定不能包办代替，因为孩子的成长是不可替代的，一定要耐心地陪伴，安抚情绪，跟孩子一起分析困难所在，寻找解决方法。陪伴孩子战胜困难后，一定要跟孩子一起回顾整个过程，帮助孩子总结心路历程与解决方法，为下一次的越坎积累经验与能量。孩子拥有了抗挫能力，就拥有了一笔非常宝贵的精神财富。

总之，幼小衔接是必要的，同时也是重要的。小学生活对幼儿来说是人生的一个转折点，幼小衔接工作做得如何会直接影响幼儿入学后的适应和今后的健康发展。它不是一个口号，不是一种形式，更不是靠一些简单的活动就可以完成的，需要幼儿、家长、幼儿园、小学几方面的通力合作，才能使幼小衔接工作更加有效，也为幼儿终身的学习和生活打下良好的基础。

参考文献

[1]蔡军.从幼小衔接到入学准备:一种新的研究视角［J］.教育导刊:下半月,2010,(6):14—18.

[2]教育部:大力推进幼儿园与小学科学衔接[J].时代主人,2021,No.537(04):49.

[3]代小微，郝俊霞，王子阳．幼小衔接中家、园、校三位一体配合教育的策略[J].新课程（小学版），2016（11）：325—325.

———— ❖ ————

随笔四：家校社齐心共育，协力促幼小衔接
——"双减"背景下开展幼小衔接的实践与探索
汕头市华侨试验区金湾学校　许燕娜

摘要：家校社共育在幼小衔接过程中发挥着重要作用。当前，家校社如何有效开展合作，凝心聚力，促进幼儿更好迈入小学，适应新环境、新方式下的学习和生活？本文通过分析当前幼小衔接工作的实际情况，查找当下现实问题，明晰家校社共育对幼小衔接过渡的重要性和必要性，并在"双减"政策下，凝聚家庭、学校和社会力量，科学助力幼小衔接。

关键词：幼小衔接　家校社共育　实践与探索

在工作和生活中，常常听到周围的亲戚朋友以及家长们提出疑问：孩子在幼儿园的最后一年是否需要去上社会机构设置的"幼小衔接班"？普通幼儿园毕业的孩子在小学一年级能不能跟得上学校的教学进度？幼小衔接工作是两个教育阶段的重要过渡，在"双减"政策下，它需要家庭、学校和社会三方面协作联动，齐心协力，切实帮助幼儿发展各方面素质，为幼儿适应终身学习打下良好的基础。下面笔者结合教学实践与探索，谈谈对当前幼小衔接的几点认识。

一、家校社共育助力幼小衔接的时代背景

2021年7月，中共中央办公厅、国务院办公厅印发《关于进一步减轻义务教育阶段学生作业负担和校外培训负担的意见》，在基础教育阶段全面实施"双减"政策，这是新时代教育观念的大变革，是我国义务教育阶段走进新时代后教育政策和教育格局的重大调整，是对新时代学校育人体系的科学定位和适应时代发展的整体优化，为当下家庭和学

校教育功能指明了方向，旨在使家庭教育回归本源，缓解当下学生的焦虑。而幼小衔接则是整个义务教育阶段的第一个衔接点，对儿童的成长和终身学习具有重要意义。2022年正式施行的《中华人民共和国家庭教育促进法》明确指出，"家庭教育应当符合家庭教育、学校教育、社会教育紧密结合、协调一致的要求"，"各级人民政府指导家庭教育工作，建立健全家庭、学校、社会协同育人机制"。毫无疑问，幼儿园、中小学校、家庭、社区都对儿童的成长和发展起着直接或间接的作用，其正向互动越多、一致性越好，对儿童身心和谐发展越有利。2021年教育部出台的《关于大力推进幼儿园与小学科学衔接的指导意见》也指出，"幼儿园和小学要把家长作为重要的合作伙伴，建立有效的家园校协同沟通机制，引导家长与幼儿园和小学积极配合，共同做好衔接工作"。教育部出台的文件明确了家校社共育能为儿童搭建从幼儿园到小学过渡的阶梯，实现科学协同，双向衔接。

二、幼小衔接工作存在的主要问题

（一）家长对幼小衔接的认知不够

幼小衔接是幼儿园和小学两个教育阶段平稳过渡的教育过程，是儿童成长过程的一个重大转折。这个阶段处于人类整个逻辑思维形成和使用过程中所要经历的三次环境转换的第二次转换期。幼儿园时期的教育方式是以游戏和能力发展为主，而小学教育是以正规课业和静态知识的学习为主，这两种教育方式的改变需要儿童身心调整来适应，这种适应性的调整就是幼小衔接的主要任务。相当一部分家长缺乏对幼儿园与小学课程的了解，没有认识到幼小衔接是全面素质教育的重要组成部分，过分执着于让孩子"学知识"，过早让孩子进行拼音学习、大量识字与书写学习、数学计算等小学课程内容。这种根据个人喜好而缺乏科学依据的做法，常常会超过幼儿的智力发育范围，对幼儿身心健康发展起反作用，无法达到良好的幼小衔接效果。

（二）社会对幼小衔接的关注存在误区

学龄前幼儿正处于身体发育阶段，天性就是好玩好动，他们对什么事物都怀有一颗好奇的心，在游戏玩耍中得到乐趣，得到知识，但是这种知识收获缓慢且表现不明显，未能让家长明显感受到孩子的进步，显得孩子并不"突出"。也正因如此，社会上出现了为迎合家长的"抢跑"需求而开设的所谓"幼小衔接班"，"小学化"教育现象严重。比如，教育内容和形式"小学化"，让孩子以学习知识为主，进行大量书写和计算训练，这种强制要求长时间集中注意力，对孩子的身心健康其实是非常不利的，可能会导致孩子大脑疲劳，对神经系统产生伤害。这种不顾儿童年龄特点及身心发育需求的做法，最终将导致幼儿精神负担重、心理压力大、自信心不足、学习兴趣降低等现象，甚至还出现怕学、厌学的情绪。

（三）幼儿园和小学联动普遍形式化

许多幼儿园和小学在幼小衔接工作中存在形式化现象，联动没有实质化内涵。幼儿园与小学在幼儿身心适应、生活适应、学习适应、交际适应等综合性发展方面，还没有达成共识，彼此之间缺乏交流、互动和合作，衔接效果自然不尽如人意。

三、凝聚家校社力量，助力幼小顺利衔接

（一）提高家长的思想认识，树立科学教育理念

1. 认识幼小衔接，排除焦虑情绪

所谓幼小衔接，并不是知识的学习与储备，而是学习能力的养成。儿童很多学习能力的养成，都是在幼儿园学到的。科学的幼小衔接从幼儿园入园开始，到小学一、二年级，是一个全面、全程、长线的过程。

2. 了解幼儿园和小学的不同，做好升学准备

幼儿园与小学在教育样态、人员配置、校园环境、一日作息等方面都有所不同，幼儿需要适应，家长同样也需要适应。

幼儿园与小学对比表

	幼儿园	小学
教育样态	非义务教育阶段，保教并重，以综合课程为主，多以游戏的形式进行，以过程性评价为主	义务教育阶段，课程分科，以教学为主，以结果评价为主
人员配置	2教1保，基本固定，每班25~35名孩子	每班1位班主任，各科任教师近10位，学生人数45人左右
校园环境	班级环境开放丰富，公共环境可以互动，户外环境充满童趣，每班有独立卫生间，午睡有专门的空间	班级桌椅排排坐，公共环境以学习为主，户外运动场地以体育锻炼为主，设置公共卫生间，午休根据学校配置在教室或在午休室
一日作息	相对较为弹性和松散	相对较为紧凑

从表中我们可以看到，从幼儿园过渡到小学，最明显的特征是从以保育为主过渡到以教育为主。小学老师以教育教学为主要任务，保育方面要靠提高儿童的自理能力来完成。许多家长没有意识到这方面的变化，导致小学低年级老师常常接到家长这样的电话："老师，我的孩子今天有没有喝水？下课您让他喝一些。""老师，天气有点热，您帮孩子脱一下外套。""老师，孩子的语文书忘记带了，我待会上班给他送去。"诸如此类。家长应该关注的幼小衔接问题是孩子的学习能力、生活能力、社会适应能力的养成，让孩子拥有一定的自理能力，如在学校知道下课要喝水，上课要认真听讲，玩耍的时候要有安全意识，自己的学习用品要爱护，会整理自己的书包等，这些才是让孩子从容面对小学生活的必备能力。

（二）搭建教育活动平台，促进园校双向衔接

幼儿园和小学在课程内容与教学方式上存在着较大差异，这是幼小衔接必须面对的核心问题。《小学入学适应教育指导要点》强调：

"要加强联合教研，实现幼小学段互通、内容融合。"幼儿园老师带幼儿到小学参观体验，加强幼小"手拉手"；幼儿园老师和小学老师联合学习，在"对标"幼小衔接的要求中明确方向；幼儿园老师和小学老师结对展示，在同课异构中寻找策略和方法；幼儿园老师和小学老师互查互评，在听课、评课、磨课中发现问题、解决问题……凝心聚力，着力培养、提高儿童的生活适应能力和学习适应能力，帮助儿童为幼小衔接做好各项能力的铺垫和准备。另外，幼儿园还要注重孩子在融入小学生活后的生活习惯、自理能力的培养。一是要引导孩子向往小学学习生活，提高兴趣；二是要培养一定的生活自理能力，参与一定的劳动实践；三是要培养一定的安全防护意识和能力；四是启发幼儿的社交适应能力，增强自律的规则意识，主要包括交往合作、诚实守规、任务意识、热爱集体等。通过上述努力，缓解幼升小的"坡度"，实现幼小衔接和"零起点"教学的"双向奔赴"。

（三）挖掘利用社会资源，提高儿童的综合素养

1. 挖掘社区资源

现在提倡就近入学，很多孩子的住所离学区所在的幼儿园和小学不远，幼儿园孩子的家长可以利用周末带孩子了解从家里到小学的路，乘车或者步行，一路引导孩子观察路标，欣赏沿途风景，让孩子通过了解，产生积极快乐的情绪，喜欢上小学，为上学做好心理准备。

小学家长在孩子学习人民币的时候常常会感到头痛。其实日常生活中我们可以充分利用超市或商场这些公共场所，让孩子真正购物，学以致用。比如在去超市之前先让孩子认识人民币，教孩子规划如何用有限的钱买适合的物品，让他们学习合理购物，培养儿童的思维能力和生活能力。

2. 家长专家资源

幼儿园和小学可以通过专家讲座、家访等方式，向家长传播科学的幼小衔接理念，还可以通过开放日活动，让家长走进幼儿园，走进小学，了解儿童一日在校（园）的学习和生活情况，让家长看到孩子在校的自理能力，消除家长的顾虑。笔者近年尝试在家访的基础上以

住宅小区为单位，集合住在同个小区的家长做访谈活动，家长之间互相学习育儿知识，老师也比较有针对性地对家长做家庭教育的指导，实现家校社共育。

学校的家长志愿者活动、家长进课堂活动等也能充分利用家长资源，如邀请有特长的家长为孩子们讲一节课，让家长为维护校园周围的交通安全出一份力。孩子们因为家长的参与而学习热情高涨，家长也给孩子做示范引领，互相促进，增强对学校的认同感和归属感，在幼小衔接阶段提高了家长的参与度。

3. 网络综合平台资源

网络教育平台、社交平台上资源丰富，且教育活动不受时间以及空间的限制，广大教师可以和家长密切配合，充分利用微信公众号、抖音直播等热门平台，及各类免费教育平台，发布幼小衔接相关的知识、活动、互动小游戏等，让家长学习一些与幼小衔接相关的知识，及时了解并利用科学的方式对幼儿进行教育，更新自己的教育理念和教育方法，以此促进家校社共育的发展。

幼小衔接是综合性育人工程，在"双减"背景下，如何把幼小衔接工作做好，让孩子从幼儿园平稳过渡到小学，这需要家校社协同共育，需要我们把这项工作回归到立德树人的教育初衷，着眼于儿童的终身发展。科学幼小衔接，能让孩子自信、快乐地适应小学生活，走好上学学习的第一步！

参考文献

[1]海静蕊，陈向荣，杜艳芳，李旭，赵环平，孙俭. 做好有效衔接，呵护儿童健康成长[J].河南教育(基教版)，2022 (06) .

[2]叶榕."双减"背景下幼小衔接的开展策略——以永修县涂埠幼儿园为例[J].教师博览，2022 (21)：73-74.

[3]黄冬玲，韦柳莹."双减"背景下幼小衔接中存在的问题及解决策略[J].教育观察，2022, 11 (21)：36-38.

[4]和志君."双减"下的"零起点"：低年级"幼小衔接"探索与实践[J].基础教育论坛，2023 (4)：18-19.

[5]冯艳飞.家校社携手　帮助儿童迈好入学适应第一步[J].山西教育(幼教)，2022 (6)：30-32.

———— ❖ ————

随笔五：悦听童趣　乐享成长
——音乐课堂推动幼小衔接的有效实施手段初探

汕头市龙湖区丹霞小学　蔡坷

　　幼小衔接是教育的重要环节，在音乐教育中也不例外。法国著名作家雨果曾经说过：开启人类智慧的宝库有三把钥匙，一把是数学，一把是文学，一把是音乐。孩子们从幼儿时期开始，听到喜欢的音乐就会摇头晃脑，哼哼唱唱，音乐是不分国界、不分民族、不分老幼的，音乐学科是从幼儿园到小学最能自然衔接的一门课程。但是小学课程有自己的学科标准，学习目标和任务也更加具体、明确。要真正地实现幼小衔接，我们要关注幼儿园和小学的各种差异，并主动地寻找桥梁、搭建桥梁。

　　以下是笔者一些初探措施。

一、以乐为桥，平滑适应

　　刚步入一年级的儿童，行为习惯仍然带有幼儿的特点，教育方式刚刚从幼儿园（30~35分钟）开放式的综合活动转变为小学（40分钟）教室内的静态授课，这种动与静的差异，需要进行一定的过渡与衔接。

　　（一）桥梁一：动静结合的 "10+30" 课堂授课模式

　　在小学阶段40分钟的课程里，我将授课分为 "10+30" 的模式，即10分钟的课前准备+30分钟的授课时间，帮助幼儿适应小学生活。10分钟的衔接，老师可以使用幼儿喜欢的 "动" 的模式，创设 "乐动10分钟" 的课前准备，如课前歌、课桌舞、体态律动等，学生们在 "动" 中能更投入地参与小学这种 "静" 态课堂。

"乐动10分钟"课前准备《少年中国说》课桌舞片段

（二）桥梁二：课前歌，浸润规则教育

幼儿在进入一年级的初期，对一年级的课堂常规、日常守则比较模糊，而从上小学的第一天起，他们就要开始遵守。因而，他们对小学规则的适应，往往需要进行一定的衔接训练。

在音乐课堂上，除了运用一些富有互动性的音乐节奏、朗朗上口的课堂口令来维持课堂秩序之外，还可以运用一些含有课堂规则的音乐律动操，比如手势舞《一年级》，让孩子们在唱唱动动中愉悦地建立对小学课堂规则的理解与认识。后续课堂的"乐动10分钟"，也通过这些律动操，帮助孩子们在轻松的氛围中不断强化对小学规则的认识，平滑地适应小学生活。

二、乐润童心，悦享课堂

相对于幼儿园，小学对音乐知识的传授更注重规范性和系统性。

在幼儿步入小学课堂，从开放性的活动式课堂转变为系统性的学习课堂时，教师需要采用一定的方法去协助孩子们关注课堂。

（一）方法一：**趣味教具**

孩子们对鲜艳、明亮的色彩更感兴趣，因而在教具的使用上，可运用彩色卡片制成节奏卡片、手号卡片，以及孩子们喜欢的卡通形象头饰等，以引起孩子们的兴趣。课程的前置任务也可以根据孩子们的能力，让孩子们通过动手制作自己喜欢的表演角色的头饰。这些都能引发他们对音乐课堂的快速适应，并主动参与到音乐课堂活动中来。

课堂上的多彩教具

课堂表现

（二）方法二：游戏式的教学活动

在幼儿音乐教学中，一般将音乐教学融入集体活动或游戏（即我们常说的"唱游"活动）中，增强音乐教学的互动性与趣味性，以此激发小学生的音乐学习兴趣。在小学音乐教学中，教师应积极引入趣味性强的活动方式，通过小学生的积极参与及互动来提升教学效果，使小学生在参与过程中获得良好的音乐学习体验，并充分感受到音乐的魅力。如：

第一，唱游式教学。

唱游课堂瞬间

第二，闯关式测评。

游戏闯关

（三）方法三：班级优化大师——评价闪光点

在幼儿教育中，用委婉、温柔的语气进行教学，注重对幼儿的语言鼓励与赞美，更容易使幼儿建立起自信心。班级优化大师中的班级积分系统，将孩子们的每一次闪光点可视化、具体化，激发学生学习音乐的兴趣。

班级优化大师中的积分系统

三、结语

幼小衔接是教育领域中关注幼儿向小学过渡的重要环节。在音乐教育中，搭建幼小衔接的桥梁意味着关注幼儿和小学生在音乐学科学习中的连贯性和平稳过渡。为实现幼小衔接，教育者需要关注幼儿和小学生的学习差异，设计具有衔接意义的音乐教学活动，促进音乐学科的连续性发展。通过精心规划和细致关怀，搭建起幼小衔接的桥梁，帮助孩子们顺利适应小学音乐学科的学习，拓展音乐智慧之门，促进孩子们全面发展和成长。

随笔六：触及心灵的教育之旅：
从最深层次需求出发，助力孩子适应小学生活

汕头市龙湖区丹霞小学 王琳仪

在那个宁静的午后，当大多数同学都沉浸在甜美的梦境中时，一声声细微的啜泣声引起了我的注意。我环顾四周，发现声音来自琪琪，那个躲在被窝里偷偷哭泣的小女孩。

"怎么了，琪琪？"我轻声询问，并将她带到膳室外，希望能了解她的困扰。然而，她只是紧抿着嘴，任由泪水静静滑落，不愿开口。我温言安慰她："记得吗？开学时我说过，我是你们的好朋友，无论你有什么心事，都可以告诉我，我会尽力帮你解决。"在我的耐心劝导下，她终于鼓起勇气，低声说出了原因："我想妈妈了。"对于初入小学的孩子来说，面对陌生的环境，想念妈妈是常见的情感反应。

在一番劝慰下，小孩的情绪也渐渐平复，最终入睡了。我根据开学这两天的观察，下课她也能和同学说说笑笑，便不再把这件事放在心上。但往后的日子，每到中午，那熟悉的哭泣声又会准时响起。每次的理由都不同，有时是思念母亲，有时是不愿参加舞蹈课，有时是失眠困扰。我意识到，这些表象背后，隐藏着更深层次的问题。"孩子到底想要的是什么？是排斥学校？还是在排斥些什么？"我不由得发问并探究原因。德国心理治疗大师伯特·海宁格曾说："当你只注意一个人的行为，你没看见他；当你关注一个人背后的意图，你开始看他；当你关心一个人的意图后面的需要和感受，你看见了他。"

我开始更加关注琪琪的行为和情绪变化，同时与她的母亲保持密切的沟通。我深知，家校之间的合作对于孩子的成长至关重要。我会借着课间去教室拿东西，跟孩子们打打招呼，偷偷观察琪琪在干什么。我发现琪琪除了与前后桌的同学交流外，很少与其他同学接触。

当其他同学不小心碰到她的东西时，她会立刻表现出不满和排斥。

在我和家长共同努力寻找原因的过程中，琪琪的厌学情绪愈发严重，甚至变得更加无理取闹。每天在校门口，她都会因为各种原因哭闹不止。坐汽车上学不开心，哭！坐摩托车风太大，哭！与妈妈同行时哭着要爸爸陪，换爸爸陪同上学时，又说要和妈妈永远不分离！这让她的母亲感到十分苦恼。她告诉我，自从孩子上小学后，每天都过得不开心，但问及原因时，孩子总是闭口不谈或者只提一些与同学之间发生的微不足道的小事，妈妈也摸不透小孩。于是，我对孩子的交友方法给出一些建议并让她带些小玩具来学校与同学分享，以增进彼此之间的友谊。

第二天，她带着玩具来到学校。出乎意料的是，她第一个分享的对象竟然是我。她问我："王老师，我们能做好朋友吗？"我欣然答应，并告诉她："作为你的朋友，我希望你能用其他方式来表达自己的情绪，而不是哭泣。遇到困难时，告诉我，我会帮你一起解决。"她毫不犹豫地答应了。看着满脸笑容的琪琪，我想，我已经解开了孩子的心结，孩子应该能适应小学生活了吧。

然而，事情并没有像我想象的那样顺利。不久，我又接到了琪琪母亲的电话，告诉我孩子在校门口又不肯进去了。我开始怀疑，除了交友问题外，是否还有其他原因困扰着琪琪。于是，我决定进行一次家访，对她进行全面的了解。

在家访中，我得知琪琪在幼儿园时一直是佼佼者，备受同学们的喜爱和追捧。然而，在小学里，她的情况却截然不同。我似乎找到了问题的根源：她需要的不仅仅是简单的友谊，更是内心的满足感和自我实现的需求。

为了帮助她找回自信和快乐，我提议让她担任班级图书管理员的角色，负责整理图书角并协调同学之间的借阅。她欣然接受了这个任务，并很快投入到了工作中。从此，熙熙攘攘的校门口再也没有了她的哭闹声，取而代之的是她带着微笑与大家打招呼的身影。那个活泼开朗的小女孩终于回来了，她正式接受了小学生活。

正如苏联著名教育家苏霍姆林斯基所说："教育，首先是关怀备至地、深思熟虑地、小心翼翼地去触及年轻的心灵。"在孩子们的人生过渡期，我们需要给予他们更多的耐心和理解，从他们的需求和感受出发，成为他们真正的朋友。愿每一个小学生都能在我们的关爱和引导下，绽放出最灿烂的笑容。

第二节　幼儿园教师与家长教育随笔

---❖---

随笔一：留点空白，会吸收更多
——"四个准备"助推幼小衔接平稳过渡
郭媛（汕头经济特区中心幼儿园乐乐班翁宗翊的妈妈）

我是一名一年级孩子的妈妈。一年级第一学期快过去了，回想起来，这个过程中我没有过多焦虑，也没有经历一些妈妈口中说的"鸡飞狗跳"的场景，好像就这么平稳地度过，细细想起，还得感谢幼儿园"幼小衔接"对孩子和家长的浸润。

其实，在幼儿园升大班时，身边不少小朋友的家长已经计划给孩子报各种拼音班、数学班，希望孩子上小学时不会"一片空白"，不会输在起跑线上，而我在参加了学校相关活动，了解孩子在幼儿园的学习生活后，果断决定不参加任何提前课程。不少家长朋友劝说我："还是得给孩子提前学习，现在课程时间紧凑，像拼音课，不好好系统先过一遍，以后肯定会落后的。"我是这样回复的："不要给孩子塞太满，帮助孩子，留点空白，会吸收更多。"

并不是我的孩子有多聪慧、有多让我放心，而是幼儿园"幼小衔接"的理念让我逐渐放心，也有底气敢让孩子继续"玩"。在孩子上中班时，我有幸参与幼小衔接活动，让我深刻地意识到，"小学化""幼小衔接"之间的关系并不是我们很多家长认为的那样，如在幼儿园期间通过其他方式方法去多认识一些字、多学习一些拼音、能计算一些加减法，更为重要的，应该是注意幼儿的身心准备、生活准备、社会准备、学习准备。

幼儿园生活，是在轻松的游戏中帮助和引导孩子做好各项准备。从大班开始，幼儿园分批组织幼儿进校园参观。记得那天放学，孩子兴高采烈地向我介绍，他今天去参观哥哥姐姐的学校了，认真和我讲解小学课堂和幼儿园课堂的不同，他兴奋地告诉我："妈妈，我很快就是一名小学生了，我也要戴上红领巾，和哥哥姐姐一样学很多知识了。"孩子满眼的期待，让我特别感动，他向往入学，他期待着小学生活。

有了这份期待，我放心地陪着孩子"玩"了整个大班阶段。在参加幼儿园的家长开放日时，孩子和小朋友团结合作，通过摆弄自己制作的钟表和贴纸，把"一天的生活"安排得妥妥当当。有趣的游戏活动，让孩子懂得了如何与同伴相处、如何团队合作、如何表现自己，更让孩子代入"学生一天的生活"。其间发生了一个小插曲，孩子和小朋友因为中午一点这个时间段应该做什么事情有了不同的意见，并产生了争执，我见证了孩子从生气、争吵、沟通到达成共识的全过程。全程都是孩子们自己处理，自己解决，最后把他们小组的"成果"展示给大家看，我看到了他们自信的笑容。这次家长开放日，也让我更笃定：幼小衔接，孩子的生活准备、社会准备已到位。

当孩子做好一切准备，学习准备就不难了。我的孩子没参加校外的任何培训，当我上大班的孩子写字还歪歪扭扭时，身边的不少孩子已经会写字、会拼音、会算20以内的算式。在我看来，这些内容孩子一年级后都会掌握的，提早约束孩子去学习反而打击了积极性。作为家长，在衔接阶段应当积极配合幼儿园，将学习目标渗透在日常生活中，从而激发孩子对学习的兴趣，让孩子在快乐中学习，在生活中学习，继而达到幼儿自主学习，培养幼儿的探索求知欲。

幼小衔接是整个教育过程中一个重要的衔接环节，家园校共育必不可少。孩子在努力的同时，我们家长也要不断地学习充实自己，引导孩子平稳、自信地过渡到小学生活。感谢幼儿园及时了解我们家长在入学准备和入学适应方面存在的困惑，同时听取我们的意见与建议，积极宣传展示幼小双向衔接的科学理念和做法，缓解家长的压力和焦虑，营造良好的家园校教育氛围，让孩子平稳顺利地度过。

———— ❧ ————

随笔二：儿童为本，科学衔接
——幼小衔接工作实践与思考

汕头市龙湖区长江幼儿园　翁纯丹

摘要：幼小衔接是幼儿园和小学相互呼应的过程。为贯彻落实教育部《关于大力推进幼儿园与小学科学衔接的指导意见》和《广东省推进幼儿园与小学科学衔接攻坚行动方案》要求，我园积极推进幼小衔接行动计划。做好幼小衔接，要以儿童为本，关注儿童的发展现实和可能，切实为儿童的健康成长提供良好的环境。本文就我园探索实施科学幼小衔接工作，浅谈一些实践经验与思考。

关键词：儿童为本　科学　幼小衔接

前言

幼小衔接是幼儿园和小学相互呼应的过程。2021年，教育部出台了《关于大力推进幼儿园与小学科学衔接的指导意见》，从入学准备和入学适应两方面对幼小衔接工作进行了规范和引导。根据该文件精神，幼小衔接工作应遵循儿童身心发展规律和教育规律，深化基础教育课程改革，建立幼儿园与小学科学衔接的长效机制，全面提高教育质量。为贯彻落实《关于大力推进幼儿园与小学科学衔接的指导意见》和《广东省推进幼儿园与小学科学衔接攻坚行动方案》要求，我园积极推进幼小衔接行动计划。本文就我园主动探索实施科学幼小衔接工作，浅谈一些实践经验与思考。

一、儿童为本，稳步衔接

做好幼小衔接，要真正站在儿童发展的立场上来研究和探索，坚持儿童为本，关注儿童的发展现实和可能，切实为儿童的健康成长提供良好的环境，做到稳步衔接。

（一）以促进儿童身心全面和谐发展为目标，将入学准备教育贯穿于幼儿园课程之中

《幼儿园入学准备教育指导要点》提出：幼儿园应深入贯彻落实《3—6岁儿童学习与发展指南》和《幼儿园教育指导纲要（试行）》，充分尊重幼儿身心发展规律和特点，实施科学的保育教育，同时将入学准备教育有机渗透于幼儿园三年保育教育工作的全过程，帮助幼儿做好身心各方面准备，实现从幼儿园到小学的顺利过渡。《幼儿园入学准备教育指导要点》以促进幼儿身心全面准备为目标，围绕幼儿入学所需的关键素质，提出身心准备、生活准备、社会准备和学习准备四个方面的内容。因此，我园紧密围绕以上文件精神，以促进幼儿身心全面和谐发展为目标，将入学准备教育融贯于幼儿园课程之中，遵循循序渐进原则，从小班开始，重点在大班，逐步培养幼儿健康的体魄、积极的态度和良好的习惯等身心基本素质。

入学准备的核心在于真正落实《3—6岁儿童学习与发展指南》精神，切实促进幼儿的全面和谐发展，实现幼儿在健康、语言、社会、科学和艺术领域的整体发展。围绕身心准备、生活准备、社会准备、学习准备等四个方面的入学准备，我园开展了"阳光体育""我是时间小主人""我长大了""安全小卫士""劳动最光荣""亲亲大自然""我是大班哥哥姐姐""我是新一代小潮童""诗意润童心"等多个主题活动。以主题活动"诗意润童心"为例，为了让幼儿进一步了解、学习中国传统文化，顺利接轨小学阶段的学习，我们以学习古诗词为载体，结合本园幼小衔接实施方案的目标，将古诗词中的名家名篇作为课程活动主要内容构架，用歌表演、诗配画、区域操作、户外游戏拓展、个性表演等方式，通过丰富多样的主题活动，结合读书月，将诗歌渗透在一日活动中。利用每日"歌诗书"三分钟活动，包括晨间有歌会、午间有诗会、晚间有书会，结合集体讨论、分享、收

集亲子朗读、赏析、创意表演、画画等形式，将活动不断拓展，生成了"诗意润童心"主题活动方案并顺利开展，取得较好效果，有效提升了幼儿对诗歌的学习兴趣和诗歌阅读理解的能力，为升入小学打下一定的基础。

通过多个主题活动的开展，逐步培养幼儿的自我管理能力，使幼儿形成良好的生活习惯和学习习惯，具备一定的交往和合作能力，有初步的规则意识、任务意识和执行任务的能力，充满探索求知欲，有浓厚的学习兴趣，为入学做好充分的准备。

（二）尊重儿童身心发展规律和学习特点，以游戏为基本活动

《幼儿园教育指导纲要（试行）》指出：幼儿园教育应充分尊重幼儿作为学习主体的经验和体验，尊重他们身心发展的规律和学习特点，以游戏为基本活动，引导他们在与环境的积极相互作用中得到发展。我们充分理解和尊重幼儿的学习方式和学习特点，以游戏为基本活动，积极为幼儿创设自主游戏的条件和氛围，支持幼儿通过直接感知、实际操作和亲身体验等方式积累经验，逐步做好身心各方面的准备。

"我的游戏我做主"，我园引导幼儿一起选择自主游戏内容，制定游戏计划、商议游戏规则等，自发、自主地参与游戏活动，在游戏中体验分工合作，增强规则意识，强化任务意识，培养独立完成任务的能力等。这些都有利于幼儿入学后较快适应小学学习生活的要求，较快融入新生活。本学期，在各班主题游戏馆的创设中，我们有目的地融入幼小衔接相关内容，丰富主题游戏馆，让幼儿在游戏中提升能力。如开设了千纸屋、水墨坊、潮汕民间游戏等主题馆，通过印刷活动、水墨坊活动，让幼儿感受汉字的美，提高幼儿对中国汉字的认识；在哲安仔、潮汕风景棋、跳房子、打井等民间游戏中融入抽象的数学知识或识字内容，让幼儿在游戏中轻松、愉悦地学习和巩固幼小衔接相关知识。在游戏过程中，教师有意识地运用文字和符号辅助幼儿记录和总结游戏的过程、自己的想法，教幼儿学习利用汉字符号。

我们重视区域活动的开展，提供充足的时间、丰富的材料供幼儿学习和游戏，观察、发现、支持幼儿持续、深入进行探究，寻找问题的答案，同时提升幼儿的规则意识。我们还和幼儿一起设计、自制游戏材料，如自制棋类玩具。棋类游戏是中华文化的瑰宝，是幼儿喜爱的一种富含趣味性和可操作性的游戏，集社会、科学、艺术、语言等方面的内容于一体，有利于促进幼儿初步逻辑思维能力的发展，树立规则意识、合作意识，引导幼儿正确看待输赢、勇于面对挫折，促进幼儿社会性发展。这套棋类玩具的设计旨在引导幼儿沉浸式参与游戏，感受小学的学习和生活常规，在游戏中习得相关的经验，对进一步培养大班幼儿入小学的愿望和兴趣，向往小学的生活，具有积极的意义。期待幼儿能喜爱该玩具，在游戏中与"棋"对话，感受"棋"乐融融的游戏氛围，享受乐在"棋"中的学习情境，乐于参与"棋"乐无穷的创造性棋类游戏设计。该玩具设计在全市自制教玩具比赛中荣获了二等奖，并被选送参加省级比赛。

二、联合教研，双向衔接

（一）加强师资培训，明确衔接方向

开展幼小衔接工作，师资力量尤为重要。教师要充分了解和理解儿童，真正变任务中心为儿童中心，关注儿童的发展，有效地促进儿童的自主学习和有效学习。

我园高度重视师资培训，组织教师共读文件，参与课程研讨、活动观摩和评价反思。通过"读、研、观、评"，落实幼小衔接专项研究工作，聚焦幼儿园一日活动，深入研究儿童，探索积极有效的衔接方法和策略。除园本培训外，在区教师发展中心的引领下，我园组织教师积极参加区教师发展中心举办的多场学习培训和研讨交流活动，帮助教师形成科学的幼小衔接教育理念。

（二）重视衔接工作，把握衔接重点

我们高度重视衔接工作，深入贯彻落实《3—6岁儿童学习与发展指南》相关文件精神，以促进幼儿身心全面和谐发展为目标，制定每学期幼小衔接实施方案，把握重点，根据大班幼儿即将进入小学的特殊需要，充分理解和尊重幼儿的学习方式和年龄特点，围绕社会交往、自我调控、规则意识、专注坚持等进入小学所需的关键素质，把入学准备教育目标和内容要求融入幼儿园游戏活动和一日生活，支持幼儿通过直接感知、实际操作和亲身体验等方式积累经验，逐步做好身心全面准备。

（三）开展联合教研，突破衔接难点

在疫情特殊背景下，幼小衔接工作遇到了前所未有的挑战。我们在严格遵守疫情防控相关规定的前提下，以园所为支点，牵手结对小学，拓展了联合教研模式，从线下到线上，开展了多轮联合教研活动，了解双方教师关注的热点、难点问题，达成共识，共研方案，共推活动。

1. 幼小双方微课共享共研

活动首先由幼儿园录制大班一日活动视频，包括学习活动、游戏活动、户外活动、生活活动等，将幼儿在园一日活动以微课方式呈现。小学的教研团队通过观摩活动，了解幼儿园一日活动的组织模式及幼儿的现有发展水平，再通过录制语文、音乐等课堂活动，将微课分享给幼儿园；幼儿园的教研团队则通过观摩活动，了解小学一年级的主要教学内容和教学形式。双方观摩微课后分别组织互动研讨，给予对方评价和反馈交流，有效为双方共同研究幼儿的发展水平与发展方向，及制定下一步幼小衔接活动方案提供依据。

2. 幼儿园邀请结对小学教师进园授课

应邀助教的小学老师，有的给幼儿开展趣味生动的阅读识字课，有的开展数学闯关游戏，有的带来体育体验课，让幼儿在幼儿园里就能和小学老师互动，感受小学的教学模式。小学的老师不仅带着大班幼儿一起体验不同的活动，幼小双方教师还在一起互动，探究幼小衔接的教育教学方法，有效实现教学策略上的双向衔接。

3. 幼儿园小朋友应邀参加小学线上公开课活动

受疫情影响，无法多次组织幼儿到小学体验活动，我们便将幼小衔接活动由线下拓展到线上，通过云端连线，幼小双方同步开展活动。小学教师带着一年级学生，幼儿园教师带着大班幼儿，幼小双方一起参加云上的音乐、美术等公开课，同唱一首歌，共绘儿童画。活动结束后，幼儿园小朋友还在老师的引导下纷纷用图文结合等方式记录自己对小学课堂的快乐感受。

4. 幼儿园小朋友到小学参观体验

幼儿园组织大班幼儿到小学参观，幼儿漫步在校园的各个角落，坐在明亮的教室里，奔跑在宽敞的操场上，感受小学环境，体验小学课堂，聆听小学哥哥姐姐介绍小学的学习生活等，小学的一切都让幼儿感到新奇，丰富多彩的活动大大激发了幼儿对小学生活的向往。

三、多方联动，科学衔接

（一）挖掘小学生资源

在幼儿周围有很多已经上了小学的哥哥姐姐，我们启发幼儿采访小学生，他们之间在语言表达、情感体验上更容易产生共鸣，实现情感共通，形成有效交流。"采访小学生"的活动，可以帮助幼儿解决自己心中的疑惑。我们还邀请在幼儿园毕业的一年级哥哥姐姐来到幼儿园，和弟弟妹妹一起聊天，分享小学里的趣事。在"幼小聊吧"中，幼儿可以跟哥哥姐姐们形成轻松的谈话氛围，踊跃提出自身感兴趣的问题。在这样的活动中，幼儿调控情绪的主动性也会大大增强，对小学的诸多疑问也可以在互动中得到解答，有效激发幼儿对小学生的崇拜，加深对小学的了解。

（二）推动家园共育

做好幼小衔接，不仅要实实在在将入学准备工作渗透在儿童一日生活的全过程，更要注重引导家长一起关注儿童的成长，理解、感受和配合做好入学准备。我们通过以下几项工作实施家园共育，共推幼小衔接。

1. 帮助家长树立科学育儿观念，助推家长转变幼小衔接观念

我们通过家长会、班群互动平台、家长约见、家园联系册等方式向家长宣传幼小衔接工作的重要性，针对家长们担心的幼儿入学零起点问题进行答疑解惑，定期向家园群推送幼小衔接方面的文章和指导意见，利用幼儿园开展的主题教育活动吸引家长们积极主动地参与到此项工作中来，帮助幼儿做好上小学的各项准备。

2. 开展班级"悦读吧"和亲子"共读吧"活动

我们通过不断丰富班级小书吧的图书量，发动家长为幼儿多提供绘本，鼓励幼儿将图书带到幼儿园参与图书漂流，培养幼儿的阅读兴趣和能力。在家庭中倡导亲子共同阅读交流，每天晚上睡前"共读吧"亲子时光，请家长和幼儿一起阅读，并将好故事带到园里分享。建议家长多带幼儿到书店、图书馆去阅读，通过多种方式不断为幼儿创造阅读的条件和氛围，培养幼儿良好的阅读习惯及专注力、坚持性、独立思考等学习品质，为入学做好积累和铺垫。

3. 邀请家长进园助教

我们邀请各种岗位的家长进园助教，围绕不同主题开展活动，助力幼小衔接。例如邀请教师家长开展"我要上学啦"主题活动，活动以情景表演的形式进行，通过创设"什么时间该做什么事情""在学校遇到困难怎么办"等情节吸引幼儿参与互动，用共情的方法让孩子们了解并掌握上学的一些行为规范。又如邀请医生家长围绕"我会保护自己"的主题，通过视频、图片、互动体验等方式，培养幼儿一些自我保护的意识并学习简单的自我保护方法，增强幼儿的安全意识，提升独立自理、自我保护的能力。还邀请警察家长进园开展"安全小卫士"助教活动，为孩子们传授交通安全、防拐防骗安全常识等。通

过家长助教，从多个领域协助幼儿园丰富幼小衔接活动的内容，促进幼儿身心健康、和谐发展。

（三）借力社区资源

我们还借助幼儿园周边社区资源，开展了各种各样的活动，助推幼小衔接教育。如联系社区图书馆，经常组织幼儿分批次到图书馆阅读，培养阅读兴趣；联系社区老年人活动中心，组织师生到活动中心服务，为爷爷奶奶唱歌、擦桌椅等，做力所能及的事情，培养幼儿尊敬老人、乐于助人的品质。又如在劳动节，组织幼儿自制心意礼物，分组送到幼儿园附近的派出所、居委会、物业中心、超市等，为身边辛勤的劳动者送上节日的慰问和祝福，培养幼儿尊重劳动者、关心他人的品质。

总而言之，幼小衔接不是一蹴而就的事情，而是需要我们从儿童视角出发，坚持儿童为本，深入研究儿童，深化课程改革，提高入学准备意识、入学适应意识，探索积极有效的方法和策略；还要着眼于儿童的发展，激发其好奇心和求知欲，培养良好的学习习惯和学习品质，帮助他们逐渐适应角色的转变，才能更加轻松愉快地进入下一个学习旅程。

参考文献

[1]虞永平.幼小衔接应回归常态[N].中国教育报学前周刊，2021—11—07 (2版)．

[2]王济民.走向共哺：幼小衔接的文化转向[J].河南科技学院学报.2021，41 (12)．

———— ❧ ————

随笔三：浅谈幼小衔接视野下大班级幼儿心理健康教育的重要性

汕头市龙湖区童心同梦幼儿园　陈婷

摘要：心理学家弗洛伊德曾说过，早期的心理健全，对一个人未来的发展很重要。[1]在21世纪经济迅猛发展、生活水平日益提升的当今中国社会，人们的心理健康问题越来越得到广泛关注和普遍重视。儿童，作为祖国的未来，他们的心理健康问题自然也成为现代教育的热点问题。心理健康是人格完善的根本点，是持续发展的立足点，所发挥的关键作用不容忽视。本文将结合教学实践，坚持儿童为本，从幼小衔接、科学过渡的教育理念出发，分析当前幼小衔接视野下在大班级开展心理健康教育的重要性及当前幼儿园实施心理健康教育的误区，提出针对性建议，更好发挥幼小衔接视野下心理健康教育对大班级幼儿成长的作用。

关键词：幼小衔接　心理健康教育　重要性

一、幼小衔接视野下大班级幼儿心理健康教育的重要性

《幼儿园入学准备教育指导要点》指出：3—6岁是为幼儿后继学习和终身发展奠基的重要阶段，也是为幼儿做好入学准备的关键阶段。[2]幼小衔接指的是幼儿教育与小学教育的衔接，是幼儿园教育和小学教育两个教育阶段平稳过渡的教育过程，也是儿童成长过程的一个重大转折。这个阶段处于人类整个逻辑思维形成和使用过程中所要经历的三次环境转换的第二次转换期[3]，其重要性由此可见，意义重大。处在幼儿园与小学衔接阶段的大班幼儿历来是老师与家长共同关注的重点，以兴趣培养、能力发展等为目的的游戏活动是幼儿园时期开展教育的主要方式，而小学教育作为义务教育阶段，与幼儿园是截然不

同的，以正规课业和知识学习为主。这两者的极大差异，需要儿童在过渡时期进行身心的调整来适应，这种适应的调整即幼小衔接的关键任务，需要幼儿园、家庭和小学成为共同体，为幼儿的健康平稳过渡保驾护航。在这个过程中，如果实施不当，极易造成多方面问题或不良反应，如生理上，易感疲惫、精神状态差、食欲不振等；心理上，焦虑失眠、烦躁不安、自卑、厌学；社会适应性方面，变得孤僻，不敢与他人沟通交流等。这些问题的出现将不利于幼儿在全新的小学环境中成长发展，甚至对今后的人生造成影响。因此，帮助幼儿科学做好入学准备教育，是幼儿园教育的重要内容。

二、当前幼儿园大班幼儿心理健康教育存在的问题

1. 教师对大班幼儿心理健康教育内容的认知不全面

受传统的教育文化、较为落后的教学观念等因素影响，幼儿园教师一般都更多关注幼儿的身体健康和知识技能方面的培养，忽视了幼儿人格和健康心理的教育，片面地认为只要幼儿提前学习和掌握小学知识，就能很快地适应小学生活，因而出现了提前教授拼音或让幼儿提前握笔在田字格中写字，这些都是与大班幼儿身心发展规律相违背的做法。由于大班幼儿受年龄发展的限制，难以达到成人的要求，容易出现心理挫败感，长此以往形成习得性无助心理。这种小学化现象会让幼儿在幼小衔接阶段出现种种心理健康问题，如厌学、习得性无助、惧怕困难、对成人依赖性强、缺乏独立性、心理脆弱、缺乏合作意识，部分幼儿甚至出现攻击行为、情绪障碍、多动症等。

2. 心理健康教育内容缺乏有机整合与相互渗透

在幼儿园教育课程实践中，心理健康教育只有少部分渗透到其他领域的课程内容中，如在社会领域引导幼儿个性的健康发展、情绪的控制与管理、培养活泼开朗的性格等，但这些内容之间缺乏内在联系和统一性，还有许多幼儿的心理健康教育内容没有纳入日常幼儿教育中。[4] 例如《幼儿园入学准备教育指导要点》中关于"具有良好的情感表达和

交流能力，能够简单表达自己的感受和需求"的要求，不少幼儿园教师会以传统说教的方式或在语言领域中简单地组织活动，这往往脱离了大班级幼儿亲身体验、直接感知、实际操作的学习方式和特点。如果能有机整合活动内容，例如在幼儿园节庆活动、"大带小"活动中，给予幼儿更多的与同伴交往交流的机会，丰富幼儿的生活经验和语言素材，那么幼儿自然能在习得和运用中提升情感表达能力和交流能力，但由于心理健康内容没有引起广大幼儿园教师的重视，因此整合度与相互渗透性严重缺乏。

3. 家长对幼小衔接过度焦虑的情绪会影响幼儿的心理健康

许多家长非常焦虑孩子从幼儿园跨入小学的学习情况，听信各种以营利为目的的非正规教育机构的误导，超前地给孩子灌输太多小学知识。有些家长常会将焦虑的情绪传达给幼儿，如时不时说起小学学习如何严酷，或者"整天只知道玩，上小学就要吃苦头了""别人家的孩子已经认识了很多字，你可怎么办呀"……小学未知陌生的环境本已让孩子紧张和焦虑，成人的焦虑情绪无形中又会增加孩子的不安全感。过高地估计小学学习的难度而产生压力时，幼儿就会对即将到来的小学生活忧心忡忡，甚至导致入学适应障碍，一旦遇到挫折就会丧失信心，产生抗拒升学等不良心理。

三、幼小衔接视野下开展大班级幼儿心理健康教育的对策

1. 全面提升教师素质

作为一名合格的幼儿园教师，应具备科学正确的教育理念，认识到心理健康教育对幼儿良好的心理状况的作用。幼儿园应加强心理健康、教科研方面的培训力度，提升教师的整体水平和素质。同时，教师在日常活动中应保持良好稳定的情绪，避免出现烦闷、焦躁等不良情绪。

2. 构建良好的心理教育环境

心理教育环境对幼儿的影响较大，也关系到教师开展教育的有

效性。应为幼儿营造温馨舒适的活动环境，合理地创设环境，激发幼儿探究小学生活的兴趣。例如教师可以在教室不同区域投放一些与小学相关的游戏活动材料，在阅读区投放与小学生活相关的绘本等，组织有利于幼儿经验发展连续性的高质量活动。又如组织大班幼儿参观小学，让幼儿带着各种问题参观小学，鼓励幼儿从他们的视角进行观察和记录，随后回园通过照片、绘画、自主游戏等方式，分享所见所闻；由此教师既能够了解幼儿对入学感兴趣的关键有哪些，又能够根据幼儿的分享与收获的经验，进一步开展后续活动，以构建对幼小衔接的完整经验，积极营造符合幼儿身心发展特征的活动。

3. 共建家园沟通桥梁，达成共识

家庭因素是影响幼儿心理健康的关键因素，因此在家庭中，家长应有意识地为幼儿营造良好的、自由宽松的家庭氛围。无论对于家长还是对于孩子来说，幼小衔接阶段学习兴趣的保持和愉快稳定的情绪是非常重要的，当家长关注孩子入学准备是否充足时，也要关注自己的日常言语和态度。在日常生活中不单关心幼儿的身体健康，还应多倾听幼儿的心里话、遇到的困惑或在幼儿园的生活，关注其心理发展，及时了解心理需求，与幼儿园达成统一的认识高度，共同努力开展科学的全面教育，才能更有利于幼儿的健康成长。

心理健康教育是当前幼儿园教育的核心目标，也是让正处于幼小衔接阶段的大班级幼儿平稳过渡、健康成长的必要方法，这需要引起幼儿园、教师、家庭的共同重视，携手构建家园共同体，积极开展全面而有针对性的心理健康教育，为幼儿的健康全面发展保驾护航。

参考文献

[1]陈仕范.幼儿健康教育应该重视的几个问题[J].学前教育研究，2005.

[2]教育部.3—6岁儿童学习与发展指南[M].北京：北京师范大学出版社，2012.

[3]彭绍蓉.如何做好幼小衔接[J].小作家选刊，2016.

[4]广州市第二幼儿园心理健康教育课题组.孩子自我成长的秘密 幼儿心理健康教育的研究与实践[M].广州：暨南大学出版社，2003.

———————— ❀ ————————

随笔四：减缓入学坡度，助力儿童成长

汕头经济特区幼儿园　林海华

摘要：在"幼小协同，科学衔接"项目背景下，我园就"如何减缓入学坡度，让幼小衔接更科学有效"开展了一系列探索和尝试，本文分享我园坚持儿童为本、双向衔接、系统推进，开展了一系列活动，助力幼儿身心和谐、快乐成长的举措。

关键词：幼小衔接　入学准备　儿童成长

在"幼小协同，科学衔接"项目背景下，如何开展科学有效的衔接活动成为各园研讨的热门话题。我园坚持与社区小学双向联动，深化理论学习，就"如何减缓入学坡度，让幼小衔接更科学有效"的问题进行实践研究。依据《幼儿园入学准备教育指导要点》精神，我园坚持儿童为本、双向衔接、系统推进，开展了一系列探索和尝试，在实践中取得了一定成效，以下浅谈我园助力幼儿成长的举措。

一、以多元活动促进幼儿身心和谐发展

1. 创设场景，开展多元体锻活动。将五大领域的核心经验渗透于幼儿感兴趣的生活、学习、运动与游戏场景中，促进幼儿身心和谐发展。如为增强幼儿体能体质，我园通过组织园外运动体验、园内专场运动比赛、亚洲各国运动场馆参观、"竹"够好玩、"侨童过番"等系列活动，开展趣味运动小集市、时尚运动体验，培养幼儿热爱运动的好习惯，让健康、乐观的生活方式伴随孩子们的一生。

2. 结合园本课程提升精细动作。我园结合潮汕文化园本课程，在独具潮汕特色、美美与共的各个班级中设置各式潮工坊，如在工夫茶馆设置茶艺区、茶具制作区；在潮剧馆设置珠钗、潮剧服饰、脸谱等制作

区；在潮绣馆设置潮绣、珠绣、穿线、串珠等区域；在工艺馆设置嵌瓷区、篆刻区、剪纸区；在潮味馆设置煎牛肉丸、红桃粿、落汤钱等小食制作区……支持幼儿进行各种锻炼手部精细动作的活动，为幼儿入学后的生活自我服务和书写做好准备。

二、以幼儿为本，贯彻生活即教育的理念

1. 养成良好的作息习惯。如通过小集市游戏中幼儿自主计划游戏、反思游戏等多种方式，引导幼儿养成守时、不拖沓的好习惯。中、大班的教师还经常通过班群分享早晨的篮球、足球等特色活动，吸引家长按时送幼儿入园，促进家长配合幼儿园提醒幼儿早睡早起、坚持按时上学。

2. 培养生活管理能力。鼓励大班幼儿指导小年龄段的幼儿做好个人生活管理。每年的新生入园，大班的哥哥姐姐经常来到小班陪伴、照顾弟弟妹妹，引导弟弟妹妹做好生活活动，如喝水、吃饭、穿脱衣服、学习分类存放个人物品等，共同提高生活自理能力。

3. 开展安全教育。每周定期开展一次以上的安全教育课程活动，结合季节、防疫等方面灵活开展安全主题活动，不断增强幼儿自我保护的意识和能力。

4. 开展劳动教育。我园不仅通过值日生工作等日常活动来引导幼儿主动承担并完成分餐、清洁、整理等班级劳动，而且在楼上露台开辟小菜园，引导孩子们快乐地劳动和学习。"雅园小菜园""春耕品耕（羹）""农娃出动""晴耕雨读""芒种，收获热爱与自信""植物是本书""365天的陪伴"等种植专题活动，引发师幼富有深度的学习与发展，收获匪浅。

三、以特色活动培养幼儿的社会交往能力

1. 开展"大带小"活动。我们打破原有的活动室布局，在每层楼中穿插安排不同年龄段孩子的活动室，做到空间资源有效利用，同时加强同楼层不同年龄段班级的互动连接，更加深入有效地开展"大带小"教育活动，让中、大班幼儿成为低龄幼儿学习的榜样、示范者、辅导者，在这个过程中进一步提升中、大班幼儿的责任意识，发展、锻炼其各方面能力。而托、小班幼儿则在哥哥姐姐的关心帮助下，在家一般温暖的氛围中，消除陌生感，愉快地加入集体生活。通过这个活动，低龄幼儿的入园适应期明显缩短。

2. 开展团队协作活动。如组织大班幼儿以五人为一组参加运动项目，鼓励、支持幼儿独立完成任务，同时引导小组长组织管理组员，组员协作完成任务，从而提高幼儿的管理能力与协作能力。

3. 开展节庆活动。在节庆活动中营造温暖的集体氛围，以生动有趣的形式开展爱乡爱国教育，如：在国庆节"幼见中国力量"主题活动中，带领幼儿认识奥运冠军、抗疫英雄、"杂交水稻之父"……我们鼓励孩子以优质偶像为榜样，将中国力量代代相传，未来建设更强大的祖国；在暖冬艺术节上，师生创意流淌，欢笑不断，师生在温馨和谐的艺术氛围中体验到了雅园无比幸福的生活，也培养了幼儿的集体归属感与荣誉感。

四、以园本课程培养幼儿良好的学习品质

1. 开展区域活动，支持幼儿专注力培训。如大班开展的汉字篆刻、制作嵌瓷饰品、剪纸等活动，有助于孩子们形成学习的专注力和坚持性。在小集市游戏区，幼儿学会介绍游戏安排，如将要到哪个游戏馆玩，扮演什么角色，做什么工作等，游戏后和幼儿一起回顾他们的计划和完成情况，分析原因并调整。孩子们在开心自主的游戏中学会了有计划地做事，学会反思和调整自己的游戏行为，自然而然地养

成了良好的学习习惯。

2. 组织多彩活动，培养广泛的学习兴趣。如组织幼儿到文化馆、警史馆等基地参观学习，开拓幼儿视野；每天开展歌、诗、书三会，创造"晨间有歌声，午间有诗会，晚间有故事"的美好时光，丰富幼儿的知识，培养阅读兴趣，涵养儒雅气质。我们创设"雅园讲古台""童心同梦·同讲中国好故事""雅园直播间"等舞台，让孩子们讲述分享中国好故事，传承弘扬中华优秀传统文化，提高幼儿的学习兴趣，启迪智慧。我园还创设阅读室、科学室、棋室、烘焙室、美工创意区、建构区、沙水区、木工区、种植区等活动区，支持幼儿积极参与各种探究活动，培养广泛的学习兴趣。

3. 创设教育情境，增强自主学习能力。如在潮汕工艺馆，老师鼓励幼儿用"嵌瓷作品+符号+文字"的方式为自己的活动区和各楼层楼梯制作标识；在小集市自主游戏中，引导幼儿以"图画+文字"的方式记录游戏的过程、故事情节、愿望以及写信等。教师还创设生动活泼的教育情景，融入有趣的数学游戏活动，鼓励幼儿运用数学方法解决在游戏或种植活动中遇到的问题。如：在小集市自主游戏中，通过统计参加游戏的人数、记录收支游戏星币、自主管理游戏时间等方式，引导幼儿体验运用数学方法解决问题的快乐。在"雅园小菜园"系列活动中，孩子们学会运用点数、计数、测量、比较、排序、分类、统计、记录等数学方法，全程参与种植活动且收获满满。

五、以研促教，双向衔接助力幼儿成长

三月，我们与社区小学携手走进彼此校园，开展联合教研，制订具体计划，开始了双向衔接。四月，小学的老师每周进园开展小学适应教育，观摩幼儿园半日活动，了解幼儿园游戏化、生活化的教学方法，教师们面对面开展深度教研。五月，孩子们畅游社区小学，系列活动令大班幼儿对小学生活充满期待。六月，我们开展家园校沙龙活动，就

"零起点教学"、"双减"政策等热点问题进行探讨，合力深入推进幼小衔接工作。七月，我们与社区小学再次联合教研，进一步梳理衔接经验，形成一定的教研成果……

六、以多方资源，统筹合力助推幼小衔接

我们通过专家讲座、家长沙龙、线上直播、家访等方式，积极引导家长与幼儿园、小学配合，携手帮助幼儿做好身心各方面准备。教师积极参加幼小衔接专题培训，与小学教师联合创作了《幼小衔接活动方案》、录制课例并共享于区教研云平台等。通过园本专题教研、课程实践研究等方式，引领教师不断提升保教质量，将入学准备教育有机渗透于幼儿园三年生活中。

虞永平教授说："从幼儿园到小学，不是翻山越岭，不是跳跃大沟深壑，也不是进入天壤之别的生活，而是童年生活的自然延伸和过渡。"我们将继续坚持幼小双向科学衔接，促进孩子们从"幼"生活到"小"时代顺利过渡，助力每一位幼儿身心和谐、健康快乐地成长。

参考文献

虞永平：幼小衔接应回归常态[N].中国教育报学前周刊，2021—11—08.

随笔五：花开有时，衔接有度

汕头市龙湖区童心同梦幼儿园 张佳蕙

对幼儿、家长来说，幼小衔接是一次认知的转变，也是一次心灵的成长。幼小衔接让幼儿园与小学实现双向衔接，不再是幼儿园的一场"追逐战"。真正的幼小衔接，衔接的是幼儿的学习能力，幼儿对小学生活的适应能力，而不是幼儿的考试成绩。教师要引导幼儿从内心意识到自己的成长和转变，并从行动和行为上达到一定的水平，这才是幼小衔接的重点。

大班的孩子即将面临幼儿园毕业，很快就要升入小学了。作为家长的您，准备怎样帮助孩子顺利从幼儿园过渡到小学呢？

一、家长的态度既要积极，也要讲究策略

1. 激发幼儿上小学的热情

千万不要用"上学就要受苦头"等话来吓幼儿，而是要说一些欣赏与鼓励的话，如："你真的长大了！""你越来越像小学生了！"这样，会让孩子觉得上小学很光荣、很自豪。

2. 充分了解小学

爸爸妈妈可以和孩子提前讨论上小学要准备的物品、课间十分钟可以做的事情、书包的秘密、上小学的路线等，并用图文结合的方式记录下来。在幼儿园和小学的共同组织下，幼儿积极参加参观小学的亲身体验活动。

3. 全面关注幼儿发展

一般而言，孩子对学习是否有兴趣，生活是否有规律，在集体中是否合群，这几个方面情况往往影响其入学后的适应性。您需要时时关注孩子在这些方面的发展，让其逐渐形成学习兴趣，养成良好的行为习惯等。

二、培养幼儿的时间观念

时间管理能力是幼儿自主成长的重要标志之一，也是幼儿在幼小衔接阶段必备的一项能力。帮助幼儿建立初步的时间观念，使其养成遵守时间、珍惜时间、合理利用时间的意识和习惯，是科学进行幼小衔接的重要内容。在幼儿园中，小班幼儿以时间感知为主。教师通过开展绘本阅读、时间游戏等多样化的活动来引导幼儿对时间进行初步感知。例如开展"一分钟可以完成哪些事情"的活动，让幼儿通过具象的活动来感知时间的长短，从而为将来规划、管理时间做好准备。中班的幼儿尝试计划自由活动、餐后散步的时间，丰富规划时间的经验。有了前面的基础，大班幼儿对具体的时间点和时长有了更明确的认识。和幼儿一同讨论"我的周末计划"等活动，能够帮助幼儿迁移经验，逐步规划在园时间。

三、培养幼儿的任务意识

任务意识是幼儿社会性发展的表现之一，也是幼小衔接工作的培养目标之一。幼儿园通过"大带小""小小值日生"等活动，如整理自己的物品、收拾餐盘、照顾动植物，鼓励幼儿承担责任，完成任务，做好力所能及的事。在游戏前的材料准备，游戏中的协商分工、任务分配，游戏后的收拾整理、交流分享等自由、自主的活动过程中，幼儿有机会按照自己的意愿制订计划，探索解决问题的方法，建立完成任务的信心。另外，还应鼓励幼儿通过阅读绘本、调查采访，丰富活动的经验，收集活动所需的材料，一起参与集体活动的准备。活动中为幼儿提供任务卡、记录单等，让抽象的任务可视化、形象化，通过小组合作、项目实施等形式引导幼儿积极承担任务，逐渐形成任务概念。在家庭中，让幼儿选择难度适宜的家务，作为专属长期小任务，如给小鱼喂食、饭后收碗等；有意识地布置与入学准备相关的任务，如准备第二天的衣服、生活及学习用品；和幼儿一起商量并制订每日（周）计划，鼓励、支持幼儿独立完成任务并记录。

四、重视幼儿心灵成长，塑造幼儿健全的人格

大班幼儿即将升为小学生，思维的逻辑性会逐渐增强，主观意识也会越发独立，这就是很多家长都会谈到的"孩子越大越不听话"的幼小衔接阶段。在这个阶段，教师和家长都应重视幼儿的心灵成长，并通过开展家园共育活动来塑造幼儿健全的人格，对幼儿实施心理建设，并通过国学教育来培养幼儿良好的道德品质，发扬传统美德。教师应指导家长利用正面教育去积极引导和鼓励幼儿，让幼儿保持对生活的热情和热爱，引导幼儿积极乐观地面对未来的小学生活。

当幼儿进入小学后，生活的主导性交还给了幼儿，教师不会每时每刻都在幼儿身边督促幼儿、保护幼儿，所以，幼儿会有很多时间和空间去自主完成社交，这就需要幼儿主动去接触同学，建立自己的朋友圈。良好的性格能够为幼儿带来更多的机会去结交新朋友，同时，拥有高尚的道德品质也会提升幼儿的个人魅力，增进人际关系。乐观、积极、主动、热情的心态会帮助幼儿勇敢地面对校园生活中的是与非。教师对幼儿施以教育的目的就是要让幼儿勇敢地面对校园生活中的是与非，最终能够独立面对未来的各种小考验。所以，重视幼儿的心灵成长，帮助幼儿塑造强大的内心，能使幼儿以更快的速度融入陌生的环境，与不同的人交往，减轻与家人分离的焦虑，更快、更好地适应美好的小学生活。

幼小衔接，科学过渡，在这个过程中，幼儿对小学产生认知，转变了生活模式。这个阶段也是幼儿即将结束幼儿园的生活，向小学迈进的一个独立成长的阶段。

科学衔接，是幼升小阶段的教育重点，也是实施家园共育的关

键。在幼小衔接阶段，家庭教育要与幼儿园教育一同携手，为幼儿的健康成长保驾护航。教师要从行为习惯上给予幼儿更多的指导，家长也要通过不断坚持和努力，做到与幼儿一同成长、一起进步。同时也要关注幼儿的身心健康，塑造幼儿健全的人格和良好的道德观念。教师应将提升幼儿的综合能力作为幼小衔接教学的重要任务来实施，让幼儿能够在幼儿园阶段提升认知、发展能力。

参考文献：

[1]高俊.看见儿童的需要 科学实施幼小衔接——关于幼小衔接做的10件事[J].好家长，2023(2).88-89.

[2]黄玉容，田涛.政策工具视角下幼小衔接实施方案的文本分析[J].成都中医药大学学报(教育科学版)，2022(4).71-74.

[3]王娟.科学连接，完美过渡——幼小衔接的有效开展[J].家教世界,2022(36).52-53.

随笔六：衔而有道　接续未来

汕头市龙湖区正雅幼儿园　黄烨

幼小衔接，不仅仅是教育的一个环节，它更像是一场心灵的洗礼与探索之旅。在这段旅程中，每个孩子都以自己独特的方式去感知、去领悟、去成长。面对新环境的挑战，孩子们的心情各不相同，有的满怀期待，有的则心存忐忑。身为教师，我深知自己肩负着重大的责任，我的目标不仅仅是传授知识，更重要的是引导他们建立自信，培养他们面对未来的能力。这段旅程，对孩子们而言，是成长的重要一步；对我而言，亦是一段充满挑战与收获的宝贵经历。

一、初探小学，幼小衔接双向奔赴

在"探秘小学"的活动中，我们荣幸地邀请到了一批资深小学老师走进我们的班级，带领孩子们揭开小学的神秘面纱。老师们不仅带来了小学课本、学习用品和书包，让孩子们能亲手触摸、亲身体验，更在细微之处引导孩子们去感受、去思考。当孩子们背上小学的书包时，他们不禁发出惊叹："哇，小学的书包比我们的重好多！里面到底装了什么呢？"在老师的引导下，孩子们开始对书包内的物品进行探索和分类，发现有生活用品、体育用品、书本、文具，甚至第一次认识了字典、作文本和田字格，这些新的认知进一步拓宽了他们的视野。

从课堂到课外，孩子们对即将到来的小学生活充满了好奇和期待。老师们不仅关注孩子们的心理状态，还通过角色扮演、互动游戏等方式，帮助他们提前感受小学生活的快乐，逐步适应并喜欢上这种新的生活方式。

小学老师来园组织"开开心心上学去"活动　小学老师带来小学的课本

小学老师来园组织"手拉手交朋友"活动　小学老师带小朋友玩"找朋友"的游戏

　　为了进一步加深孩子们对小学生活的了解，我们还组织了一次实地体验活动，让孩子们走进附近的香阳小学。漫步在充满文化气息的校园中，孩子们参观了安全体验室和科技走廊，观摩了一节生动的小学课堂。在这里，他们与小学的哥哥姐姐们互动，了解了小学的日常作息、课程设置等"秘密"。

　　这次参观活动，让孩子们近距离地感受到了小学生活的丰富多彩。它减少了孩子们对小学的陌生感和不安感，更激发了他们进入小学学习的渴望。这次体验不仅为孩子们进入小学做好了身心准备，也为他们从学前教育向小学教育的顺利过渡奠定了坚实的基础。

小学生带小朋友参观校园　　　　　　　小朋友体验小学课堂

二、姓名秘密，幼小衔接温情之旅

在幼小衔接的学习准备方面，我们特别注重培养孩子们的好奇心、学习习惯、学习兴趣和学习能力。例如在"姓名的故事"活动中，我发现孩子们对名字产生了浓厚的兴趣。他们不仅会自豪地写出自己的名字，还会热烈地讨论名字的由来和含义。子洋好奇地问陈禧："你的名字怎么写？"陈禧认真地写下自己的名字后，子洋却感叹道："你的名字怎么这么难写？为什么你的爸爸妈妈不给你取一个简单的名字呢？"陈禧对此感到困惑，转而向我询问："老师，为什么爸爸妈妈给我取这个名字呢？"这次对话让我意识到，对于孩子们来说，名字不仅仅是一个标识，更是承载着家族传承和父母期望的珍贵符号。中国人的姓名作为传统文化的载体，有着丰富的内涵，但很多孩子并没有意识到这一点。于是，结合本班的"汉字馆"特色，我们策划了一场别开生面的"寻名大行动"，引导孩子们探索名字背后的秘密。

活动伊始，孩子们便热切地交流起自己的姓氏和名字。"你姓什么？""我姓李，木子李。""他姓什么？""他姓张，弓长张。"……在轻松愉快的氛围中，孩子们通过查阅资料、家长引导、教师讲解等方式，初步了解了姓氏的起源和传承意义。他们发现，姓氏最早起源于部落的名称或部落首领的名字，代表了一个家族的传承和凝聚力。此外，孩子们还纷纷制作了自己的名字由来调查表，与大家分享名字背后的故事。可欣说："我爸爸姓蔡，所以我也姓蔡。爷爷希望我可以一直欢欣、喜悦，所以我叫蔡可欣。"子悦说："我爸爸希望我可以一直开心、快乐，所以我叫子悦。"源浩则分享道："爸爸妈妈希望我可以活力满满、机灵聪明……"

小朋友书写自己的姓名

小朋友向大家介绍自己姓名的含义

在孩子们热烈分享自己名字背后的故事，探寻那份家族传承与个人意义的过程中，我们不仅见证了他们对个人身份的认同与骄傲，更看到了他们在幼小衔接这一关键阶段所展现出的学习准备与成长潜力。通过"寻名大行动"这样的活动，孩子们不仅学会了如何查阅资料、了解历史，更重要的是，他们学会了如何倾听、如何理解、如何尊重。这些能力，正是他们在即将到来的小学生活中不可或缺的学习准备。在幼小衔接的关键时刻，这样的学习准备具有深远的意义，为他们未来的学习生涯奠定了坚实的基础。

三、家园携手，共筑幼小衔接桥梁

当孩子们即将踏上从幼儿园到小学的新征程时，家长的参与和支持无疑是推动这一过渡顺利进行的重要动力。为了让家长更好地理解并助力孩子们度过这一关键阶段，我积极与家长建立沟通桥梁，不仅分享孩子们在幼儿园的点滴成长，更强调家庭在孩子教育中的核心地位，共同构筑起家园共育的基石。通过家园的紧密合作，我们共同打造了幼小衔接的四大生活准备支柱，确保孩子们在生活习惯、生活自理、安全防护和参与劳动等方面有全面准备。

1. 生活有序，习惯先行。我们深知良好生活习惯的重要性，因此鼓励孩子们在日常生活中养成规律的作息、整洁的卫生习惯。同时，我们也呼吁家长以身作则，成为孩子们学习的榜样，共同培养孩子们良好的道德品质。

2. 独立自主，责任在肩。在这一年里，我们特别注重培养孩子们的自理能力和责任感。无论是在家里还是在学校，我们都鼓励孩子们学会自己的事情自己做，并在帮助他人的过程中培养初步的责任感。这样的培养方式不仅让孩子们更加独立，也为他们适应小学生活奠定了坚实的基础。

3. 安全防护，意识为先。在幼小衔接阶段，我们也十分关注孩子们的安全防护意识。通过每周的安全教育课程和实践活动，我们让孩子们了解基本的安全知识，学会自我保护。同时，我们也希望家长们能够加强家庭安全教育，确保孩子们在成长过程中始终拥有安全意识。

4. 劳动参与，责任体验。我们鼓励孩子们参与家庭劳动和社区活动，让他们在实践中体验劳动的乐趣和价值。通过参与劳动，孩子们不仅能够锻炼自己的动手能力和协作精神，还能够培养初步的责任感和服务意识。

此外，我们还注重孩子们的全面发展。通过阅读、运动、美育等方面的培养，我们拓宽了孩子们的知识视野和兴趣爱好，为他们开启通往小学的智慧之旅和美好人生。

我坚信，在家园双方的共同努力下，我们能够携手为孩子们创造一个更加顺利、愉快的幼小衔接过渡体验，让他们在成长的道路上更加自信、从容地迈向未来。

随着这一年幼小衔接活动的深入展开，每一个孩子都在情感和知识上取得了显著的成长。他们由最初的忐忑不安、紧张迷茫，逐渐蜕变为自信满满、满怀期待的小小探索者。对我而言，这份成长不仅是对我教育方法的肯定，更是激励我不断前行的动力。我始终在学习的道路上不懈探索，反思自己的教育方式，力求找到最适合每个孩子的独特方法。因为我深知，每个孩子都是独一无二的，他们的需求、兴趣和能力各不相同。作为教育者，我肩负着为孩子们量身打造最佳教育方案的责任。幼小衔接这段旅程，虽充满挑战，但亦满载希望。我深感自己肩负的责任重大，同时也为能够陪伴孩子们度过这个重要阶段而感到无比骄傲。我相信，在我们的共同努力下，孩子们定能自信地迎接小学的新生活，勇敢地迈向新的学习阶段。在未来的道路上，无论他们面临何种挑战，我相信他们都将凭借在幼儿园打下的坚实基础，勇敢、积极地应对。

随笔七：《我的绘本日记》收获啦！

汕头市龙湖区长江幼儿园 黄丽香

《我的绘本日记》缘起于第一次带孩子们参观龙湖小学。那是一个阳光明媚的午后，微风轻拂，孩子们脸上洋溢着笑容，我们班作为特邀嘉宾前往龙湖小学参加学校第六届"校长杯"足球联赛的开幕式，第一次零距离体验小学的校园生活。活动结束后，我鼓励小朋友回家跟爸爸妈妈分享参观小学的感受。第二天一早，孩子们争先恐后地把一张张画纸递到我眼前，七嘴八舌地诉说着足球赛场上的趣闻乐事。画面中，孩子们用稚嫩的笔触再现了绿茵场上足球赛的跌宕起伏，歪歪扭扭的数字记录着他们看到的进球实况……

幼儿作品

小学的初次体验活动圆满结束，新的种子已经在我心中萌芽——《我的绘本日记》诞生了！通过家长约见，家园共育达成一致，孩子们有了自己的专属日记本，每周像写日记一样用绘画的形式记录自己的见闻和感受，收到了良好的效果。

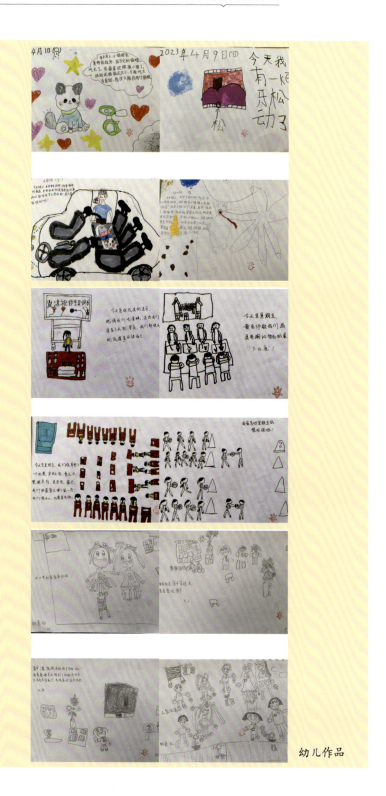

幼儿作品

《我的绘本日记》收获啦！它促进了亲子间的情感互动，提升了孩子们的语言表达能力。孩子们用绘画的形式记录着生活体验，但毕竟年龄还小，绘画技能有限，家长鼓励孩子说说自己的日记内容，认真倾听，悉心梳理，再帮孩子将内容记录下来。家长在和孩子的互动中，分享着孩子的喜怒哀乐，更能及时地疏导他们的不良情绪。

亲子互动

每逢周一，小朋友会将《我的绘本日记》带到幼儿园分享。餐后，《我的绘本日记》成了同伴们最喜欢的图书。绘本日记记录着孩子们的成长经历。仔细翻阅，我才知道刚插班的嘉博最期待每周五下午的篮球课；仿佛看到了一向胆小、内向的岚淇，在舞蹈室里自信满满、翩翩起舞的样子；原来，上周末泽槿还跟爸爸妈妈一起带着心爱的狗狗去打了疫苗……孩子们的喜怒哀乐都跃然纸上，我更是沉醉在他们的成长点滴之中。

阅读自制画册

记录、分享《我的绘本日记》已经成了孩子、家长和我的一种习惯。短短几个月的坚持，孩子们的想象力、创造力、思维能力都在绘本中充分体现，绘画能力也不断提升。每逢周末，他们就像插上了想象的翅膀，在雪白的纸上尽情翱翔。绘本日记就像一面镜子，透彻地照见了孩子们的心灵。

绘本日记记录着孩子们在幼儿园时期的美好回忆，讲述着一个个有趣的故事，如《打水仗最好玩》《宝贝换牙记》《我种的豆豆长大啦》等。一点点欢欣鼓舞的进步，一份份热泪盈眶的感动，链接着孩子、家长和老师的心。绘本日记，使孩子们学会了放松心情、表达情感，提升了孩子们的绘画水平和语言表达能力，培养了孩子们良好的阅读和记录习惯……孩子们对入学充满了期待和向往，为入学做好了准备，绘本日记架起了幼小衔接的新桥梁。

随笔八：以爱为名的陪伴

邱珊珊（汕头市龙湖区长江幼儿园圆圆班柯伊诺的妈妈）

经过1900多天的艰苦等待，我终于见到了我心目中最珍贵的女孩——小可乐（柯伊诺）。当我成为母亲的那一刻起，我知道溺爱绝不是我的选择，把可乐同学培养好才是我的职责所在。人们常说，在成长的路上错过了就没有了，所以我珍惜和孩子在一起的每一个瞬间。陪伴不仅仅是物质上的，更重要的是给予精神上的支持和关爱。我相信，只有真正的陪伴才能让孩子感受到爱的温暖，让她自信地成长。

2023年，吉兔奔至，我的宝贝女孩7岁啦。时间过得真快呀，一转眼可乐宝贝已经在幼儿园度过了三年半的时光。今年对于孩子来说有着重大的意义，因为这是宝贝留在幼儿园的最后一个学期。下半年，可乐将进入小学，成为一名光荣的小学生，我对孩子的未来充满了期待。可是，在这个内卷的当下，幼儿园不让开设学前班，外面做幼小衔接的机构层出不穷，生源更是爆满，我的心中又有着无限的担忧和焦虑。

幼升小后，作息时间、学习方式、教学模式、生活习惯等都会发生改变，孩子能否很快完成由幼儿到小学生的转变，能否很快适应小学生活，这让我陷入思考当中，如何更好地做好幼小衔接是关键所在。对此，我在网上查阅了许多资料，也和幼儿园老师进行了约谈。在约谈中，我和老师进行了深入的探讨，老师告诉我，幼儿园一直在做幼小衔接，这学期还会安排参观小学、和小学互动等活动。这无疑是给我吃了一颗定心丸。经过思考，我也从几个方面和幼儿园做好配合，以促进孩子更加健康自信地发展。

一、重视能力和习惯的培养，让信心成为一种心境

2021年3月，教育部出台了《关于大力推进幼儿园与小学科学衔接的指导意见》，指出家庭应帮助孩子做好入学准备教育，其中能力的培养包括良好的学习品质、生活习惯、基本的生活自理能力、学习能力，以及与同伴友好相处、交往的能力等。学习的准备并非只是所谓的拼音，而是孩子能不能在集体面前大胆表达自己，敢于提问，学会倾听，对新鲜事物要有好奇心和探究欲，并能有计划地完成一件事情。这些，我并不是在大班下半学期才开始行动的。

其实，因为是独生子女的缘故，从小时候开始，每到周末我都会带孩子出去游玩。在户外，我时常鼓励可乐去结交新朋友，在和朋友的相处中学会沟通和表达。有一次到游乐园玩充气蹦蹦床，可乐因为比较小，在攀爬斜坡时总是不能登顶，有一个稍微大点的姐姐拉了可乐一把，可乐高兴极了，和姐姐拥抱在一起表示感谢，接下来两人便形影不离地玩在了一起，甚至还相约下次见面的时间。几乎每一次出门，在短时间内，可乐都会很快结交到新同伴，并向我大方地介绍。

阅读也是我从小保持的一个好习惯，每天我们都会陪着可乐阅读绘本，她可以安静地看三十分钟的书，先自己阅读，接着再亲子阅读。其实，教育也并非一定要在固定的环境中进行，生活中处处皆是教育。每天接送孩子的路途中，我以商店招牌上的店名为对象，让可乐学习认字。在此过程中，可乐认识了很多字，每天也许就是两三个字，可日积月累，慢慢地可乐学会了看路牌、点餐等，组词、造句都不在话下，这是我非常欣慰的。在生活中，我也很注重培养孩子的自理能力，如饭前帮忙摆碗筷，叠衣服并分类放进衣柜，起床后折叠被子等，在加强动手能力的同时还学会了点数、分类、配对等。有时，我们母女俩也用扑克牌玩《钓鱼》——从中学习数的分合，《吃包子》——学会比较数的大小，还可以玩记忆游戏，从五对牌开始，现在可乐已经能和我玩一整副牌的翻牌记忆了。在玩中学，将知识渗透

在一日生活中，让孩子建立自信心。一个自信满满的孩子，对待生活中的事情肯定会更加积极乐观。

亲子阅读

阅读绘本

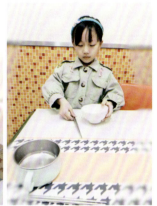
餐前摆碗筷

阅读绘本《动物小书》

双人扑克牌游戏《钓鱼》

扑克牌记忆游戏

二、培养孩子的专注力，让细心成为一种习惯

　　小学低年级学生的学习成绩不好，往往并非智力落后，而是由于注意力涣散，精神集中不起来。我们无论在生活中还是在学习中，一定要专注，让细心成为一种生活态度、一种习惯。对此，我根据孩子的喜好，在网上买了一些培养专注力的卡片，每天玩一种，如"反着说"，我说一个数字"46"，孩子得回答"64"，从两位数慢慢增加到三位数、四位数，也可以是文字的。还有"听到水果就拍手"、快速从杂乱的线中找到相连的两个数字、"快速地按顺序找到1~50"、走迷宫、数独等，孩子玩得不亦乐乎。我们还一起下五子棋、跳棋、

斗兽棋等，这些活动，都是需要集中注意力才能进行的，对培养孩子的专注力很有益处。寓教于乐，更让孩子远离电子产品，在互动中增进亲子间的情感交流。

思维训练"数独"　　　　　　亲子下跳棋

三、增强孩子的独立意识，让耐心成为一种态度

小学的学习生活与幼儿园的存在较大差异，很多事情需要孩子自己做，遇到问题和困难要自己想办法解决。无论是家庭还是幼儿园，都需要培养孩子基本的自理能力，并逐步培养孩子的独立意识。进入小学后，孩子已经不像在幼儿园中有老师贴心地照顾了，孩子需要自己的事情自己做。因此，增强孩子的独立意识、安全意识和任务意识尤为重要。教育孩子遇到困难时要有耐心去寻求解决的方法，不轻易放弃。

每天我都让孩子自己整理书包，去幼儿园需要带什么更换的衣服，自己选择，自己带；放学回到家后，要主动把书包中需要清洗的衣服放到洗衣机中；每天自己设定闹钟，准时睡觉，准时起床，养成良好的作息；家里的玩具必须自己整理，分类归纳。如果班群中有布置小任务，我会先等孩子主动告诉我，再一起商量如何完成。作为妈妈，我经常鼓励、支持孩子独立去完成。当然，在培养独立意识的同时，增强女孩子的安全意识也是重中之重。因为是女孩子，所以我很在乎，特别是网络上关于诱拐儿童、学校霸凌等事件的报道，我也会拿给可乐看，并和她一起商讨应对的方法。除此外，我还买了很多相关的书籍——《女儿，你要学会保护自己》《优秀女孩》《做一个内心强大有出息的女孩》等，经常陪着可乐一起看。可乐已经能分析案例，并得出自我保护的方法。有时看到相关的新闻或者视频等，我们会一起分析和讨论。

睡前调好闹钟

和好朋友合影

阅读书籍

四、加强体育锻炼，让恒心成为一种持久力

都说身体是革命的本钱，那拥有一个健康的体魄显然是一个必备条件。运动习惯的养成离不开家庭的培养和坚持，让孩子喜欢运动，经常运动，有利于增强孩子的体质，使孩子保持充沛的精力和良好的情绪，这样才能坚持每天上学，不落下功课。小学六年的时间，如果孩子"三天打鱼，两天晒网"，那肯定是做不了什么的。恒心是一种必备的心理素质，是一种坚持不懈的持久力，没有恒心，孩子根本不可能很好地完成六年的学习任务。

作为家长，我会在周末陪孩子到户外进行短程赛跑、骑自行车、玩滑板车、攀岩、打羽毛球和踢球等，现在可乐已经能在一分钟跳绳110下，同时转3个呼啦圈。我们还利用户外的运动器械练习手部力量和腿部力量等。平常如有时间，我也会和孩子一起做亲子游戏《两人三足》《搬运工》《你扔我接》等，为幼儿树立榜样，从自身做起，坚持体育锻炼。

到公园锻炼跳绳   到户外骑自行车

五、激发对小学的期待和向往，让开心成为一种能量

开心是一种心理体验、一种能力，更是一种能量。进入小学后，孩子每天能开心地面对一切未知，显得尤为重要。孩子即将进入小学，激发孩子对小学的向往真的很重要，这点我非常感恩幼儿园教师带领毕业班所做的一系列活动。如：带幼儿参加小学互动足球赛，让孩子感受运动的快乐；参加社团活动，感受丰富的课外活动；"课间十分钟"让孩子学会合理安排课间活动；"朋友，你好！"让孩子懂得如何结交新朋友，排除进入新环境的顾虑；还有"今夜不回家"、军训、参观小学等。这一系列丰富的活动，让孩子能与小学生面对面交流，体验小学课堂的乐趣，帮助孩子了解小学的生活，激发对小学的向往。记得有一次可乐很高兴地对我说："妈妈，今天我去参观小学居然遇到了上一次去小学参加足球赛和我同一组的姐姐，老师还帮我和姐姐拍了合影，真的很开心！我好喜欢姐姐，到了小学，我要认识更多的哥哥姐姐，交更多新朋友。"可乐绘声绘色地描述着对未来的畅想，那时可乐的脸上挂着像太阳般温暖又灿烂的笑容。是的，这正是我想要的样子。在面对困难时，要用快乐的能量去挑战，去迎接

属于未知的精彩，让开心变成亿万度的火球，把一切烦恼融化成热量，温暖着可乐，温暖着身边的人。

2023年9月，可乐终于成为一名小学生。因为班上一个认识的同学都没有，起初，孩子还是有些许不愿上学的。所以我每天都陪着她，鼓励她。我跟孩子说："每天你都去学校认识两个同学的名字，然后回来跟妈妈介绍，先从同桌开始。"孩子点了点头。于是，每天她回来会第一时间告诉我："妈妈，我今天认识了两个新同学，她们是……"有时是四个，有时是三个。慢慢地，一周过去了，她已经熟悉了全班同学的名字，还很开心地跟我分享："我有两个闺密了呢！"她脸上挂着神气的笑容，我到现在还记得。有一天，她迫不及待地告诉我："妈，我当'官'啦。""啥官？"她开心地说："也没啥，就是组长和值日生。"说完，她捂着嘴笑个不停。自那以后，她每天都开开心心地上学，一放学就会像百灵鸟一般叽叽喳喳地跟我分享着在学校发生的一切，妈妈看在眼里，喜在心头。

在孩子成长的路上，我不仅是妈妈，更是孩子的朋友。我愿意和孩子一起分享快乐，一起哭泣，一起畅想未来。孩子的每一次成长都是一段宝贵的回忆，我愿意和我的宝贝一同创造更多美好的回忆。陪伴孩子成长是一段充满挑战的旅程，但是，我从未后悔过。爱是陪伴，爱是成长，爱更是一种坚持。我相信，只要心中充满爱，那未来便会充满阳光。祝福你，我最亲爱的女孩！

小学互动足球赛

参加小学社团活动

———— ❖ ————

随笔九：借一方小菜园开展幼小衔接学习活动

汕头经济特区幼儿园　李丹妮

摘要：在《幼儿园入学准备教育指导要点》精神的指引下，我园以促进幼儿身心全面准备为目标，围绕幼儿入学所需的关键素质，从身心准备、生活准备、社会准备和学习准备四个方面组织开展活动。幼儿园小菜园的建立，让自然教育成为幼小衔接课程的一部分。在小菜园里学习，丰富了幼儿园课程形式，提升了幼小衔接质量。体验菜园里的收获，增强了幼儿的自信心，提升了幼儿的能力，为入学做好准备。教师观念的转变推动了幼小衔接课程的发展，幼小衔接活动借由小菜园得到科学的开展。

关键词：小菜园　自然教育　幼小衔接

为贯彻落实教育部《关于大力推进幼儿园与小学科学衔接的指导意见》和广东省教育厅印发的《广东省推进幼儿园与小学科学衔接攻坚行动方案》文件精神，深化基础教育改革，我园与同社区小学建立了科学衔接的长效机制。幼儿园与小学密切联动，通过丰富多彩的活动，大力推进幼小科学衔接。在联动教研过程中，我们了解到目前小学教育中对学生劳动教育和素质教育的重视。同时，我们的社区小学在学校里组织学生开展各类科学种养活动，每位学生可以选种一种植物或养一种小动物进行观察记录，完成小课题报告，旨在培养学生的观察与动手能力，让学生关注生命、珍爱生命。结合幼儿园的实际情况，我们也在天台开辟了一方雅园小菜园，开展种植劳动教育。我们发现小菜园种植活动可以培养幼儿的任务意识，使幼儿养成良好的观察、记录习惯，学会关爱生命，进而发展幼儿的社会能力，为入学做好基本素质准备，为终身发展奠定良好的基础。我们依据《幼儿园入学准备教育指导要点》精神，以促进幼儿身心全面准备为目标，围绕幼儿入学所需的关键素质，从身心准备、生活准备、社会准备和学习准备四个方面组织开展了丰富多样的活动。

一、建立菜园子，让自然教育成为幼小衔接课程的一部分

最珍贵的礼物是大自然的馈赠，孩子们对大自然充满了向往和依恋，这是儿童与生俱来的本能力量，是儿童心灵成长的内在需要。建立菜园子，让匆匆的脚步慢下来，走在菜园子里，亲近自然、倾听自然，原本被我们忽略的就映入了眼帘、跑进了我们的耳朵。我们不断反思儿童与自然的关系，进而调整课程，让自然教育成为幼小衔接课程的一部分。我们不禁感叹，原来我们也可以与草木为友，和土壤相亲。教育慢了下来，儿童在和自然相处和互动的过程中学会与自然对话，学会学习，学会思考。他们光着脚、踩着泥土去感受土地的温情，感受植物的生长与枯萎，直面自然界的"生与死"，在自然中学习成长。菜园子的建立令孩子们获得幸福感，慢下来，让孩子能够有更多的发现；慢下来，让教师能够看见儿童。

2020年初春，我们在天台开辟了小菜园。幼儿亲身参与菜箱的搬运、组装，在这个过程中，幼儿的动手能力和团队协作能力得到了提升。幼儿采访花工叔叔，了解种植常识，并全程参与了混土、播种、育苗、移植等工作，不但语言表达能力得到发展，也初步了解了植物生长的条件和过程，收获了耐心细致的品质。在参与劳动的过程中，幼儿的身心都得到了锻炼。在小菜园里，幼儿学会了日复一日地关注各类植物的生长变化，浇水、除草，观察并记录各种蔬菜水果的生长变化。小菜园成为孩子们劳动和学习的快乐天地。

二、菜园里的学习，丰富了幼儿园课程，提升了幼小衔接质量

《幼儿园教育指导纲要（试行）》指出幼儿要爱护动植物，关心周围环境，亲近大自然，珍惜自然资源，有初步的环保意识。教师要在幼儿生活经验的基础上，帮助幼儿了解自然、环境与人类生活的关系。教师还可从身边的小事入手，培养幼儿初步的环保意识和行为。《3—6岁儿童学习与发展指南》也指出应支持幼儿在接触自然、生活事物和现象中积累有益的直接经验和感性认识。如：和幼儿一起通过户外活动、参观考察、种植和饲养活动，感知生物的多样性和独特性。植物物种丰富，形态不同，开花结果时节有别，种植方式各不相同，种植空间多样独特。小菜地是生动的课程资源，孩子在这里倾听自然、感受自然，体验生命的延展和游戏的快乐。

亲近自然、探索自然是孩子的天性。"老师，这是什么花？""老师，这棵树上结的果子是什么呀？""老师，我们什么时候才能吃到葡萄呀？"他们会摸一摸树皮，闻一闻花香，听一听鸟鸣，还会收集掉落在地上的落叶、花瓣和果子……而课程就在孩子们对植物的好奇心中生成了。因此，园子里的植物都是课程的内容，它们之间是相互联系的，结合土壤、水以及天气等因素，就形成了一个真正基于自然的课程。菜园里的学习，丰富了幼儿园课程，提升了幼小衔接质量。亲近自然需要长期与自然接触，关注自然的特点、规律、联系，从整体上形成对自然的认知、情感和态度，以及对待自然的方式。当幼儿浸润在自然环境中时，他们不仅能感受到"春有百花秋有月，夏有凉风冬有雪"的自然魅力，还能结合主题活动的需要选择重点观察对象，持续地观察和探究。我们以儿童为本，不断挖掘幼儿园的各种资源，使其转化为课程，尽可能地为儿童的发展服务。

在雅园小菜园里，学习活动总是发生得自然而然。例如：春雨过后，孩子们在菜地里发现了一扭一扭的蚯蚓；茄子、辣椒成熟了，我们来给它们画张画……

活动列举

活动	名称	基本目标
活动一	这是什么蔬菜瓜果	认识不同的蔬菜瓜果，为它们配对名字卡片，认识对应的汉字。
活动二	为蔬菜瓜果画像	认识不同的蔬菜瓜果，学习运用不同材料表现对菜园里蔬菜瓜果的认识。
活动三	一园青菜成了精	结合幼儿园菜园子种植经验阅读绘本，体会绘本中幽默风趣的语言和绘画风格，尝试复述故事。
活动四	菜园里的小生物	观察菜园里的生物，如蜜蜂、蝴蝶、蚯蚓等，提升观察能力和语言表达能力。
活动五	我和南瓜比高低	认识南瓜，在活动中探索、学习各种测量的方法。
活动六	蔬菜品种的统计	学习分类、点数、计数，并初步尝试用自己的方式进行记录。
活动七	买卖游戏	在游戏中学习分类、交换等，有初步的货币概念。
活动八	菜园里的童话剧	参与绘本故事表演，体验角色特点，能自信大方地表现自己，并学习与同伴合作表演。

　　《3—6岁儿童学习与发展指南》指出，幼儿应亲近自然，乐于探究，能动手动脑去探索物体和材料，并乐在其中。幼儿还应具有初步的探究能力，能对事物或现象进行观察比较，发现其异同；并能根据观察结果提出问题，大胆猜测答案。幼儿对小菜虫的探究活动，不仅丰富了感性经验，也发展了观察、比较等能力。我们支持其自发的观察行为，对其发现表示赞赏，希望我们的孩子永葆好奇心和求知欲，更加乐于去大自然中进行大胆地探索。

探索菜园里的秘密

　　幼儿在买卖蔬菜的自主游戏中认识了周围环境，呈现了他们的生活经验，幼儿借助假想生动地、创造性地反映了日常生活中的内容。在游戏过程中，幼儿的兴趣得到满足，幼儿的认知能力、想象力、语言表达能力、交往能力都得到了充分的发展。

　　种植活动给幼儿带来了快乐，激发了他们的好奇心和求知欲，让他们学会关心周围事物、积极探索大自然。在种植活动中，幼儿对植物的生长有了直接的感知经验，在猜想、观察、记录蔬菜生长变化的过程中收获了喜悦。幼儿以形象思维为主，最适宜通过直接感知、亲身体验和实际操作进行学习。幼儿在亲身感知与实际操作中收获学习和成长的能量，充分享受自主操作的机会，体验动手操作的乐趣。

三、菜园里的收获，增强了自信，提升了能力，为幼儿入学做好准备

　　小菜园迎来的第一波收获是香菜，孩子们和老师一起收割香菜，学习烹调，将简单的香菜变成香喷喷的两菜一汤。接着，小菜园收获了西红柿、萝卜、茄子、小米椒、韭菜、春菜……实实在在的收获让孩子们真实地体验到了烹饪美食、享受有机生活的乐趣。

　　孩子们在制作美食的过程中，不仅学会烹饪的方法，还习得与人

友好相处的能力，享受到分享的快乐，其社会生活能力得到发展。食物给予孩子们味蕾上的滋养，同时也给孩子们带来劳动的快乐和成就感。

菜园里的收获

享受烹饪的乐趣

　　这一方菜园令幼儿园的学习生活精彩纷呈、生动活泼……孩子们学会观察、记录蔬菜的生长过程，学会测量的多种方式方法，以图画、符号、文字等方式为自己的蔬果制作标识，记录种植过程，尝试用数学的方法解决游戏中的数量与价格等问题，学习能力得到较大提升。孩子们还学会了"大带小"（大年龄段的孩子带小年龄段的孩子），一起照顾所负责的菜地；迁移雅园小集市自主游戏的经验，自发地开展买卖蔬果的游戏。孩子们在等待和照顾植物成长的过程中学会关爱生命，社会能力得到明显发展。孩子们开始以彩色的画笔、动听的歌儿、欢快的舞蹈、萌趣的戏剧等，尽情表达表征小菜园发生的一切美好，身心和谐健康成长。

我们理解幼儿的学习方式和学习特点，珍视游戏和生活的独特价值，创设丰富的教育环境，利用生活中各种教育契机，组织开展丰富多彩的活动，最大限度地支持和满足孩子们通过直接感知、实际操作和亲身体验获取经验的需要。在菜园子里，我们潜移默化地实施教育，自然地整合了数学、美术、语言、前书写与社会性等方面的内容，促进孩子们身心和谐、全面发展。伴随着菜园子的不断完善、扩大，孩子们的专注力、坚持性、计划性等学习品质不断获得发展，良好的学习习惯悄然养成。这些都有助于孩子们入学后更好胜任新的学习任务，且受益终生。幼儿园小菜园的劳动教育践行了陈鹤琴的"活教育"理念，让美好的童年时光充盈着幸福的气息。

四、观念转变推动课程发展，幼小衔接活动在菜园子里科学开展

（一）观念转变引发的课程思考

从给自然做笔记开始，孩子们跟随着季节的脚步，观察身边的植物，用符号表征的方式记录自己的发现。在他们的自然笔记中，小菜园一年四季都在变化。孩子们还发现了幼儿园里一直存在但从来没有留意过的植物、动物，而孩子们的发现也触动了教师们，使他们意识到生活中还有很多现象是可以关注的。如：小菜园的建构过程，我们可以带着课程的观念去思考、看待它们的价值；在课程实施上，我们让儿童走进小菜园，真正亲近自然，进而推动项目活动的开展。当我们与孩子们一起漫步菜园中，去亲近自然、观察植物、感受气候时，我们就会有意想不到的发现——辣椒地里辛勤工作的蚯蚓、百香果藤蔓上散步的七星瓢虫、柠檬树上勤劳的小蜜蜂、韭菜花上飞舞的蝴

蝶，这让教师的主动性一下子被调动了起来。教师的观念不断转变，试图打破原有的课程框架，一些生成的主题和项目活动就产生了。例如：以韭菜的生长为主题的项目活动，就来源于孩子们对韭菜开花的发现。"哎呀，韭菜开花了，可以吃吗？"教师觉察了孩子们的兴趣，就有意识地带领孩子一起了解相关知识，观察、记录韭菜的生长周期，设计食谱……

通过"广泛关注、深入观察、静心欣赏、积极探究"，最终建构了属于孩子自己的新主题。态度是教师观念转变的契机，直接推动了课程的班本化发展。当跟随孩子亲近自然、探索自然，发现了他们的新发现，生成各种有趣的主题时，教师的态度一下子转变了。有激情的教师会和孩子共同关注、探索孩子感兴趣的事物。教师观念的转变是一个过程，经历了从困惑到自主的发展过程。在和孩子们进行了尝试之后，教师发现了一点点的光亮，他们就有信心了，试着去做更多的改变和尝试。正因为这些"盲目的探索"，教师的观念也悄悄发生了改变，教师发现了孩子，学会了尊重孩子，尊重他们的每一个发现，并且相信他们，相信他们是有能力的。

（二）有态度的教师成就本真的儿童

观念的转变伴随着孩子的成长，我们更加尊重孩子、相信孩子。小菜园的活动看似简单，但实际上持续时间长、覆盖面广，在活动中每个孩子都是平等的个体，都能够自然而然地去表达、操作、探索。例如："花生的成长"主题，很多老师都觉得中班的孩子做不了，因为他们觉得中班孩子画不出来，应该用照片来体现，但我们的教师在观念转变之后，让中班孩子也有观察、记录和表达的机会，并鼓励他们进行分享，辅之以简单的文字记录。我们看到了孩子身上更多的可能性，也能够接受更多不一样的孩子。例如：大班孩子测量南瓜的高度，我们惊讶地看到了孩子们所选择的工具、用来记录的形式多种多样。教师、儿童和课程是在同步转变和发展的。

在土地的滋养下，这小小的一方菜园，存放着孩子们的童真和最惊喜的创造。"一年好景君须记，最是橙黄橘绿时。"收获的季节里，满眼都是五颜六色的果实。春耕夏耘，秋收冬藏。孩子们在收获的同时，感受着自然的节律，这些果实也在提醒我们永远不要忘记自己是大自然的孩子……我们借一方小菜园开展幼小衔接学习活动，收获了累累硕果。我们将继续充分尊重幼儿身心发展规律和学习方式、特点，把入学准备教育目标和内容要求融入幼儿园的游戏活动和一日生活中，支持幼儿通过直接感知、实际操作和亲身体验等方式积累经验，逐步做好身心各方面的准备，为幼儿后继学习和终身发展奠定良好的基础。

随笔十：基于儿童视角的马赛克方法在幼儿入学准备教育评价中的实践与运用

汕头经济特区中心幼儿园 林曼

摘要：教育评价事关教育发展方向，有什么样的评价指挥棒，就有什么样的办学导向。在幼儿入学准备教育的过程中，我们尊重入学准备的主体——儿童，归还儿童自由表达观点的权利，用心倾听儿童内心深处的想法，以儿童的立场为立场，从儿童的视角反观入学准备教育问题。我们运用马赛克方法，通过重视幼儿学习过程的评价，来构建幼小衔接课程，在嵌入式评价中促进幼儿发展和教师成长，提高保教质量，实现学前儿童从幼儿园向小学的顺利过渡。

关键词：儿童视角 入学准备教育 马赛克方法

2020年10月13日，中共中央、国务院印发的《深化新时代教育评价改革总体方案》指出，教育评价事关教育发展方向，有什么样的评价指挥棒，就有什么样的办学导向。根据《幼儿园保育教育质量评估指南》的精神，我园坚持正确方向、儿童为本、科学评估、以评促建的原则，在做好幼儿入学准备教育的过程中，通过重视幼儿学习过程的评价，来构建我们幼小衔接课程，在嵌入式评价中促进幼儿发展和教师成长，提高保教质量，保障幼小衔接工作有效开展。

多年来，我们一直重视幼小衔接工作，这期间综合了专家、幼教同行、家长、教师等多方评价，不断审视、完善我们的入学准备教育。在实践的过程中，我们有了这样的思考：作为入学准备的主体——儿童是如何看待这些系列活动的？在这些系列活动中，他们的感受与体验又是怎样的呢？这是需要重视的问题，也是发展与突破的关键所在。

《幼儿园教育指导纲要（试行）》指出，管理人员、教师、幼儿及其家长均是幼儿园教育评价工作的参与者。评价过程是各方共同参与、相互支持与合作的过程。幼儿园教育应尊重幼儿的人格和权利，尊重幼儿的身心发展规律和学习特点，促进每个幼儿富有个性的发展。基于此，我们从幼儿的立场出发，运用马赛克方法，以嵌入式评价来推进幼儿的入学准备教育。

一、何为马赛克方法

马赛克方法是英国学者克拉克和莫斯于2001年提出的一种研究儿童的方法，它建立在一种积极的、全纳的儿童观的基础上，将观察、访谈等传统的研究方法，与参与式研究方法包括儿童自主摄影、旅行、图片选择、绘画、儿童会议等相结合。每个方法采集的信息就相当于一片"马赛克"，这一片片"马赛克"形成一个丰富的画面，这个画面描绘了早期儿童对其早期教育环境的感知。

儿童观点的完整图画

在传统的评价方法中，儿童的参与性是不高的，因为受制于自身表达能力和现实情境的限制，不能全面地表达自己的观点、想法。如果选择运用马赛克方法，就可以给儿童搭建一个支持性框架，他们就能充分表达自己的心声，我们就可以做到尊重儿童的意愿、分享儿童的经验、向儿童学习。与基于成人视角的观察法、问卷法等相比，这种方法更适合身心发展不够成熟的儿童。

马赛克方法的内容

研究工具	内容介绍	表现形式
观察	定性观察。研究者对幼儿进行观察，包括幼儿在所处场景、情境中的行为表现、面部表情、语言表达等，并进行详尽的叙事记录。	老师撰写幼儿的学习故事
儿童访谈	一对一进行简短的、结构化的面谈，或以小组为单位进行儿童会议。研究者围绕关键主题向幼儿提出问题，提取幼儿在访谈中表达的观点。	幼儿园老师一对一采访记录
儿童拍照和图书制作	让幼儿作为拍摄者，把自己感兴趣的、认为重要的事物拍下来，并针对照片展开讨论，从中选择一些照片来制作图书。	幼儿的照片、图画作品等
儿童之旅	由幼儿主导，带领研究者在自己的环境中开展游览活动，自由谈论自己的经验；研究者记录幼儿的游览地点选择。	幼儿开展导游、小记者游戏活动，研究者开展参观游学等
地图制作	幼儿用自己拍摄的照片和绘制的图画来制作有关某个地方的地图。	幼儿手绘的地图
成人访谈	对实践者和家长的非正式访谈。	家长聊吧（老师与家长的沟通交流）等

马赛克方法中多种工具能够充分给予幼儿机会，让幼儿用多种方式来表达观点，每一种工具，如绘画、拍照、儿童之旅等，都提供了一个碎片。当我们将两种或以上的工具组合在一起，便能详尽地了解到儿童的兴趣、认为重要的事物及完整的观点。与此同时，多种不同的工具也让不同儿童有机会发挥不同的强项，选择自己更加喜欢、舒适、流畅的表达方式。

二、马赛克方法在幼儿园入学准备中的运用

《幼儿园保育教育质量评估指南》指出：关注幼儿发展的连续性，注重幼小科学衔接。大班下学期我们采取多种形式，有针对性地帮助幼儿做好身心、生活、社会和学习多方面的准备，建立对小学的积极期待和向往，促进幼儿顺利过渡。

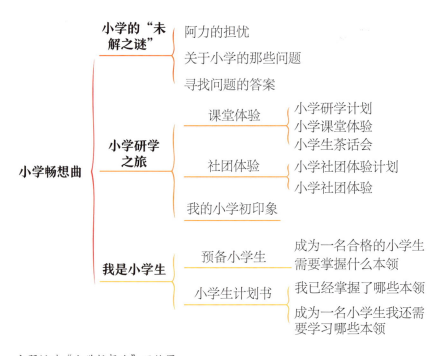

主题活动"小学畅想曲"网络图

对小学生活充满向往，有上小学的愿望，是幼儿开启小学学习生活的情感动力，也是幼儿重要的入学心理准备。这里以大班在身心准备中实现"向往入学"这个发展目标为例来简单阐述马赛克方法在幼儿园入学准备中的运用。

在大班下学期，我们会开展"小学畅想曲"这个主题活动，以"释放疑惑—提出问题—研学体验—解开疑惑—成为预备小学生"的课程路径，循序渐进地帮助幼儿做好入学身心准备。

（一）绘画、访谈

首先，绘画是幼儿表征的主要形式。通过引导，幼儿把自己对入学的好奇、疑惑和想法通过图画表现出来，老师再通过访谈一对一倾听幼儿的疑问，了解到每个幼儿的内心想法。我们开展"关于小学100问"的活动，通过他们的图画以及一对一的倾听，梳理了他们的问题，并做了归类和分析，发现有关学习环境、学习形式、学习任务、生活独处、社交交友、行为规范等多方面的疑惑。这让我们了解到幼儿对小学的认知水平和心理状态，找到开展入学身心准备活动的出发点，并及时将这些问题反馈给家长和联动的小学，家园校协同，一起做好幼儿的入学准备教育。

孩子们"关于小学100问"的画作

"关于小学 100 问"

1.张承勋：小学生能不能带电话手表？

2.赵楷森：小学生用不用在小学吃饭？

3.张沐晴：小学生几点放学？

4.蔡子博：小学生几点上学？

5.黄可恩：小学生需不需要自己洗澡、自己睡觉？

6.罗秉韬：小学生放学的时候，需不需要值日？

7.石洋承：小学生有没有户外运动？

8.陈栩亮：小学生怎么午睡？

9.李悦恩：小学的教室是怎样的？

10.李楷哲：小学生能不能带食物？

11.万憬熹：小学生用不用擦黑板？

12.庄宸亿：小学生用不用擦自己的桌子？

13.李睦青：小学的老师是怎样的？

14.郑宸熙：小学生晚上需要几点睡觉？

15.陈申原：小学生的校服是怎样的？

16.吴乐淇：小学生需要带什么文具？

17.曾沐熙：下课可以做什么？

18.郑好：小学一天需要上多少节课？

19.陈嘉仪：上小学在哪里午睡？

20.林梵：小学是怎么升国旗的？

21.黄铄涵：在上课的时候如果想要上厕所怎么办？

22.吴乐淇：数学学的是什么内容？

23.王树楠：操场会有什么器械？

24.吴春宇：小学作业多不多？

25.黄希倪：怎样可以获得奖杯？

26.卢仁铄：体育课上什么内容？

27.纪沁言：小学也是一个星期升一次国旗吗？

28.刘佳德：上课老师讲太快，我听不懂怎么办？

29.郑瑞轩：拼音不会读怎么办？

30.黄若涵：在小学上学是不是和幼儿园一样？

31.罗景怡：上小学可不可以踢足球？

32.陈忻青：小学的饭菜美味可口吗？

33.周梓潼：小学的作业多吗？

34.石梓潼：小学的厕所是蹲厕还是坐厕？

35.姚熠亮：图书馆有哪些书？

36.张天行：小学可以学游泳吗？

37.周书恬：为什么戴红领巾？

38.林子琪：男女厕所怎么分？

39.林潇：教室找不到怎么办？

40.陈沐普：我担心老师讲的我听不懂，怎么办？

41.郑瑞轩：小学会开设哪些课？

42.林子琪：小学要怎么听课呢？

43.郑晓炜：小学每天都要写作业吗？

44.周书恬：期末考试会很难吗？

45.谢允怡：每天上下学是几点呢？

46.杨薰玥：小学里还能像幼儿园那样躺着午睡吗？

47.林则达：小学生要打扫卫生吗？

48.马钰涵：上了小学还能玩游戏吗？

49.章泽楷：怎么和同学、老师相处呢？

50.赵桐桐：小学书包里有什么？

51.黄卓峰：小学每天都要写作业吗？

52.唐果阳：上课期间要上厕所，会被老师批评吗？

53.陈彦潼：小学哪里可以上厕所？

54.石欣蓓：上小学以后每天都要早早到学校吗？

55.吴绮雯：小学能交到新朋友吗？

56.黎梓晨：在陌生的同学面前很害羞怎么办？

57.郑浩宏：到小学，我的新朋友和老师是什么样子的？

58.方琛允：小学有可以打篮球的地方吗？

59.陈李皓：小学有足球场吗？

60.柯若伊：小学的朋友会喜欢跟我聊天吗？

61.吴燊杰：小学有没有画画课？

62.林子淇：上课突然想唱歌怎么办？

63.施沐妍：上课忍不住想聊天怎么办？

64.何潮雯：小学的作业很多吗？

65.胡皓元：教画画的老师长什么样子的？

66.林斯越：上小学可以带很多橡皮吗？

67.陈其琛：小学有操场吗？

68.许安治：小学交不到好朋友怎么办？

69.李浠：小学的操场为什么要那么大？

70.翁宗翊：在学校找不到教室怎么办？

71.林沁心：小学有午餐吗？怎么取餐？

72.刘予乐：考试考不好怎么办？

73.王沁仪：上学迟到会被批评吗？

74.谢欣沂：作业太多完成不了怎么办？

75.张启亨：上课时间如果想上厕所可以吗？

76.林晓语：怎么与哥哥姐姐相处？

77.蔡扬灵：为什么小学课桌椅摆放和幼儿园的不一样？

78.黄宝慧：哥哥姐姐是怎么当上中队长的？

79.林书行：上课时突然感觉不舒服怎么办？

80.林泽桓：一年级一天上几节活动课？

81.魏沐齐：忘记抄作业了怎么办？

82.山水：上学迟到了怎么办？

83.喆航：小学中午有在学校午睡吗？睡哪里？

84.詹梓灏：小学会有晚餐吗？几点放学？

85.肖冰：没准备好可以上小学吗？

86.吴晓臻：上小学可以带零食吗？

87.王逸涵：可以和姐姐一起上小学吗？

88.李润煌：起床有没有点心吃？

89.吴桐仪：为什么要上小学？

90.赵梓悦：小学的作业多不多？

91.陈以晴：小学有音乐课吗？上什么内容？

92.李柏悦：小学有足球课和篮球课吗？

93.黄思晴：小学上什么课？

94.辛春霖：小学可以带电话手表吗？

95.余忻言：小学里有点心吃吗？

96.邓植丹：上小学的路远吗？

97.林艾淳：小学的桌椅坐几个人？

98.陈亿衡：小学有电脑课吗？

99.裴星汉：小学老师温柔吗？

100.吴希：小学的操场大吗？

（二）儿童会议、儿童之旅

为了解疑释惑，我们会组织幼儿开会，让他们围在一起讨论"如何给这些问题找答案"。幼儿的答案有看书、问爸爸妈妈、采访哥哥姐姐、和哥哥姐姐一起去上学等。每个幼儿畅所欲言，从他们各自的发言中，可以看出不同幼儿的生活经验、思维方式和能力水平。基于幼儿的想法，有了进一步的行动计划——儿童之旅。儿童之旅是幼儿自主自发的探究行为，有个体行为，也有集体行为。

儿童会议

个体行为，如有的幼儿利用家长资源走进小学，直接采访小学生，有的幼儿在家采访正在读小学的哥哥姐姐，有的幼儿自己阅读关于小学的故事书等。

儿童之旅（个体行为）

集体行为，如计划集体参观小学。出发前组织幼儿召开儿童会议。会议上，他们提出想参观将来要入读的小学，这引发了调查"入读小学"的行动，幼儿回家征询爸爸妈妈的意见，再回幼儿园统计调查表的情况，并根据参观地点做了分组。

入读小学调查表

再次召开儿童会议，讨论、制订研学计划，幼儿明确研学时间、地点、目标任务（去哪个小学参观、什么时间去、去参观什么、注意什么、需准备什么），协商统一集体行动，分组分工做好出发前的准备。

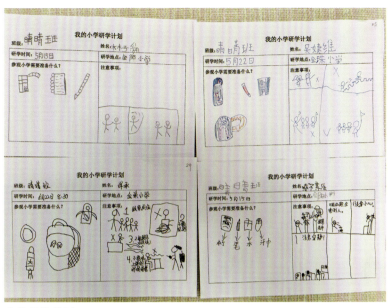

小学研学计划

（三）自主摄影、图片选择

参观小学是幼儿主导的一场旅行，他们当小记者、当访学者，分批分组走进九月份即将入读的小学。

分组分批走进不同小学

在这期间，幼儿通过自己的摄影、采访、记录等，形成他们的研学日记。从他们的研学日记中，我们又进一步了解到每个幼儿的发展情况。

摄影、采访，形成研学日记

幼儿在对图片进行选择的时候，我们发现他们对小学的社团活动很感兴趣，对排排坐听讲感觉很新鲜等，继而有了后续的进入小学社团、小学课堂的体验活动等，幼小联动，更加有针对性、有目的性地开展各项入学体验活动。

小学社团体验活动

之后，幼儿又有了新的绘画内容，新一轮的儿童表征，师幼又有了一对一的访谈等。

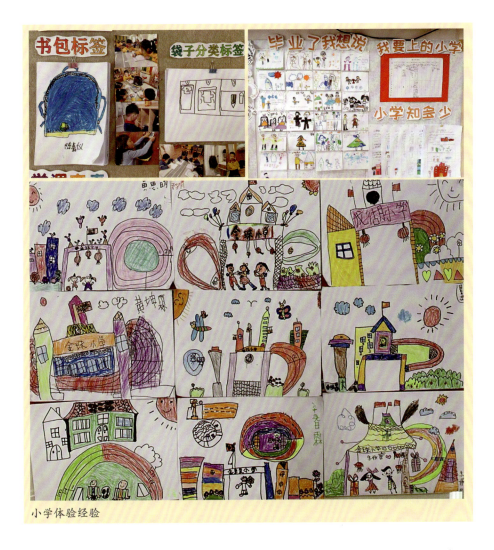

小学体验经验

这些贯穿在活动中的儿童绘画、自主摄影、儿童会议、儿童之旅、访谈等提供了一个个像马赛克一样的碎片，当我们将这些碎片信息组合在一起的时候，就能尽可能地了解到幼儿的学习兴趣、情感态度、习惯、倾向。基于这些碎片形成的画面，能更好地引导我们构建幼小衔接课程。我们也看到在运用马赛克方法的过程性嵌入式评价中，幼儿同步获得了自主性的成长。

在大班幼儿毕业前夕，我们会看到大部分幼儿对成为小学生充满美好的期待，比之前明显有信心、有底气。在入学前的暑假，家长们又会基于这些"马赛克"，根据自己孩子个体的需求，进一步开展适宜的入学准备教育。

"儿童视角"正是归还儿童自由表达观点的权利，用心倾听儿童内心深处的想法，以儿童的立场为立场，从儿童的视角反观入学准备教育问题。主张儿童参与，使入学准备教育更加符合儿童的身心发展特征，使幼小衔接更加民主、顺利。马赛克方法关注儿童视角，但也不否认成人的观点，其终极目标是将多个评价主体——教师、教育管理者、儿童、家长等形成一个共同体，在这个共同体中，每个人贡献自己的一片马赛克，共同勾画更为完整、绚烂的世界图景。我们依然有基于成人视角的过程性质化评级，例如学习故事；也有结果性量化评价，例如我们运用了北京师范大学钱志亮博士编制的《儿童入学成熟水平诊断量表》等。运用马赛克方法，多维度了解幼儿的发展情况，以动态调整我们的课程，帮助幼儿实现从幼儿园向小学的顺利过渡。

参考文献

[1]艾莉森·克拉克.倾听幼儿——马赛克方法[M].北京：中国轻工业出版社，2020:6-7.

[2]沈南.儿童视角下幼儿入学准备观及成因研究——基于马赛克研究方法[D].沈阳：沈阳师范大学，2019.

随笔十一：重视劳动教育，助力幼小衔接

汕头市龙湖区丹霞幼儿园　刘世观

劳动创造美好生活，劳动是最基本的实践活动。《3—6岁儿童学习与发展指南》强调，开展劳动教育，为幼儿提供丰富的直接感知、实际操作和亲身体验的学习机会。幼儿期是孩子劳动意识、能力、习惯养成的关键时期，而大班是从幼儿园升入小学的关键时期，具有承上启下的作用。因此，我们把劳动教育摆在了一个重要的位置。

生活即教育，劳动亦是课程。我们通过各种劳动教育，在提高幼儿的生活自理能力的同时，增强了幼儿体质，帮助幼儿形成热爱劳动、吃苦耐劳等优秀品质。劳动砺心志，实践促成长，幼儿在传承劳动美德的同时，也养成了自信、独立、自强等良好的个性品质，这将成为孩子受益一生的宝贵财富。我们开展劳动教育具体体现在以下几个方面。

一、把劳动贯穿在幼儿的一日活动之中

一日活动皆课程，幼儿一日活动的各个环节都可以渗透劳动教育。如每天做好值日生工作，包括晨间叠毛巾、摆口杯、整理班上的自然观察角；餐前擦桌子、分毛巾、分筷子；午睡前铺草席、铺被子，午睡后收拾草席；幼儿在活动后整理活动区的工作材料，整理图书等。鼓励幼儿自己的事情自己做，不断提高自理能力，如衣服湿了及时更换，自己添饭、添汤，起床后自己叠被子、整理床铺，离园环节自己整理书包等。在为他人服务的劳动中收获劳动的快乐。如同伴之间互相垫汗巾，户外活动结束后协助收拾整理活动器械，为生病的幼儿提供力所能及的帮助。

值日生分餐

二、在区域活动中融入劳动教育

升入大班后，我们会有针对性地对幼儿进行劳动技能和实践能力的培养，引导幼儿逐步掌握基本的劳动技能，为即将进入小学甚至更远的将来打下良好的基础。在一次幼儿园和小学如何衔接的会议上，一位小学校长说，在一次午餐环节，一位刚进入小学的孩子把一个鸡蛋递给了他，他一开始以为孩子要把鸡蛋给他吃，到后来才发现孩子不会剥鸡蛋壳。可见，对大班幼儿进行一些基本的劳动技能教育是非常必要的。我们在学习活动中开展了专门的劳动实践活动，如生活区剥鸡蛋、包饺子、制作黄瓜鸡蛋卷等。在活动中，幼儿掌握了一些劳动技能，同时用自己的劳动为大家带来了美味的食物，也收获了劳动的喜悦和满满的成就感。还有在蒙氏生活区也渗透了劳动教育，如缝补、插花、钩针等。幼儿在实践的过程中，既掌握了方法技能，也获得了美的体验和感受。

生活区剥鸡蛋

三、在游戏活动中重视劳动教育

游戏是幼儿的天性。在游戏活动中，幼儿习得了各种劳动技能，学习为他人服务，体验劳动的意义和价值等。我园每个班级都会从幼儿的兴趣和发展需要出发，开设不同的生活游戏馆，如海陆空体验馆、茶艺馆、里巷美食餐厅、彩瓷艺术馆、虫虫王国等。这些丰富多彩的生活游戏馆，既满足了幼儿游戏的需要，又提升了幼儿的劳动技能，提高了幼儿的服务意识。在各个游戏馆里，幼儿自己选择担任"工作人员"，通过自己的劳动，获得"劳动报酬"，即游戏代用币或印花，并将这些"报酬"兑换成自己心仪的礼物，也可以兑换成美食。在为他人服务的劳动中，幼儿知道了劳动的价值，也在"服务员""保安""收银员""迎宾员"等不同岗位中体验劳动的意义。还有在"大带小"活动中，不光要带领弟弟妹妹去不同楼层、不同游戏馆参加各种游戏活动，照顾好弟弟妹妹，还要让弟弟妹妹玩得开心。这不仅是一个体力活，更能锻炼幼儿的耐心、责任心、任务意识等。

在游戏馆中体验餐厅服务员

四、把劳动教育渗透在节日活动中

植树节和五一劳动节是最适合开展劳动教育的节日。我们开展了植树节的系列活动，带领幼儿体验种植的过程，感受通过自己的劳动获得丰收的果实。2024年的植树节，我们种植的是黄瓜。我们带领小朋友一起把种子种到土里，浇水施肥，定时观察，细心呵护。等到长出了嫩嫩的黄瓜，小朋友们异常兴奋。黄瓜成熟了，小朋友们迫不及待地采摘下来，准备做凉拌黄瓜——清洗、刮皮、切成小块，放上各种调料腌制。小朋友们吃着自己亲手种植的黄瓜，特别自豪，也特别有成就感。班里也设置了种植角，幼儿将自己喜欢的植物种子带来幼儿园种植，如萝卜、红薯、黄豆等，定期浇水或换水，定期观察、记录。幼儿在劳动的过程中，既获得了植物生长变化的知识，也学会了一些劳动工具的使用，如铲子、刀具、刮皮器等工具的使用。

种植黄瓜

凉拌黄瓜

五一劳动节除了开展有关各行各业劳动者的主题教学活动外，我们还组织幼儿开展各种各样的劳动，如清洁教室的桌椅、门窗、条柜，整理、清洁户外运动器械和运动设施。通过自己的劳动，幼儿收获了明亮整洁的校园环境，也愉悦了心情。

五、把劳动教育延伸到家庭，实现家园同步一致的教育

现在家庭教育的模式大多是，年轻父母忙于工作，爷爷奶奶或外公外婆负责带孩子，而他们对孩子很是溺爱，什么都包办代替，导致幼儿自理能力差。而有的父母认为孩子小，不需要做事，从而剥夺孩子学习生活技能的机会。甚至有的父母认为，孩子聪明就好，其他都不重要。这种种现象是非常不利于幼儿德智体美劳全面发展的。

幼儿劳动教育不能单靠幼儿园一方的努力，必须家园携手，双方共同努力，才能取得良好的效果。我们通过家长会、与家长面谈等，向家长宣传劳动的重要性。家长可以指导幼儿做一些力所能及的家务劳动，如扫地、拖地、清洁桌椅板凳，帮忙择菜、洗菜、洗水果等，就餐前摆放餐具、分发筷子、摆好椅子等，整理自己的玩具、图书，清洗自己的袜子，父母或长辈下班回到家时帮忙递上拖鞋或一杯茶等。一些特定的节日，我们也会布置一些劳动小任务，比如三八节给

妈妈或家里的女性长辈捶捶背、送上小礼物等，通过自己的劳动表达对妈妈及长辈的爱。

家务劳动锻炼了幼儿的动手能力，提高了幼儿的劳动技能，消除了孩子的依赖心理，增强了孩子的家庭责任感，使孩子懂得父母的辛苦，学会关心、体谅他人。

幼儿经常参与劳动，意义非凡。幼儿在劳动的过程中学会了很多劳动技能，学会自己的事情自己做，从而养成热爱劳动、勤于劳动的良好品质。幼儿在学习劳动、参与劳动的过程中增长知识、愉悦身心，在各种快乐且富有教育意义的劳动中树立起

帮妈妈择菜

自信、专注、责任、友善、感恩的良好个性，同时收获满满的成就感和自豪感，从而提升自信心和价值感。幼儿在劳动中难免遇到问题，当遇到问题时，和小伙伴一起探讨、商量，因此劳动也能提高幼儿的沟通、合作、交往等多方面的能力。劳动是辛苦的，且需要付出努力，幼儿只有参与了劳动，才能够切身体会到收获的不易与艰辛，进而养成吃苦耐劳、克服困难的坚强品质，不惧成长道路上的风雨。

我们相信，幼儿有了这些优秀的品质，在升入小学后，一定能平稳顺利地过渡到小学生活。

随笔十二：培养幼儿前书写能力的指导策略

汕头市龙湖区丹霞幼儿园　蔡许敏

提起幼小衔接，很多家长都有个普遍的误区，认为幼小衔接就是入小学前一年的事情，就是所谓的"幼小衔接班"，就是多学习拼音和识字等知识，就是提前学写字。但实际上，"提前学写字"与"前书写"是两个完全不同的概念。"前书写"可简单概括为：幼儿所进行的非正式的书写活动。"前书写"活动与"正式的、系统的书写"有着原则的区别。我们可以把前书写活动理解为：幼儿用笔或者其他书写替代物，通过感知、涂画、涂写、模拟运用文字或符号等形式，用图形和文字向周围的人传递信息、表达感情及构建前书写经验的游戏和学习活动。它可以是幼儿自发产生、自主进行的游戏活动，也可以是在成人的引导下进行的以游戏为主的学习活动。

前书写活动的有效开展，对孩子更好地适应小学生活具有重要意义。《幼儿园教育指导纲要（试行）》明确指出，要"培养幼儿对生活中常见的简单标记和文字符号的兴趣"，"引发幼儿对书籍、阅读和书写的兴趣，培养前阅读和前书写技能"。

"前书写"的学习，并不是幼儿仅仅通过自然情境的潜移默化就能实现的。适当的教育支持和有针对性的学习活动，是促进幼儿语言能力发展的必要条件。我们需要关注"前书写"核心经验的获得，它们对幼儿未来的学习品质有着深远影响。

一、提供幼儿自由书写的环境支持

根据孩子们想要书写表达的欲望，可以投放适宜的材料，给予幼儿自由取放材料、自由书写表达的环境支持。例如墙上挂上小白板，提供粉笔、板擦，使墙壁变成可以自由书写的涂鸦墙。桌上提供纸、沙盘、毛笔、蜡笔、水彩笔、小棒等各种书写工具，及时满足幼儿用图画、符号进行书写的心理需求。

二、锻炼和发展幼儿手部精细动作

握笔书写与手指灵活性、手腕力量、手臂与手肘的协调性等动作发展息息相关。在握笔书写之前要锻炼和发展幼儿的精细动作，通过开展幼儿感兴趣的活动，锻炼幼儿肌肉的协调性，为书写做好准备，例如通过折纸、捏轻黏土、拼插积塑、翻绳、系鞋带、筷子夹珠子等活动，练习拇指、食指与中指配合和手腕动作的协调性。

三、创设幼儿说和书写的机会

在幼儿期，我们多途径为幼儿创设说和书写的机会，引导幼儿感受纸笔互动的情感体验，让幼儿在写写画画的过程中体验文字符号的功能，获得用"书写"表达内心感受的经验，培养幼儿的书写兴趣。

（一）培养各年龄段幼儿的书写兴趣

幼儿2—3岁时会对握笔产生兴趣，他们喜欢拿起笔随意地涂鸦。在成人看不懂的、凌乱的画面中，幼儿会一本正经地告诉你画里的世界，"这是妈妈"，"这是小狗"。这种随意的涂鸦是幼儿进行表达的一种方式，是幼儿初步进行纸与笔的互动，是幼儿初步书写能力发展的必要过程和经验，为幼儿将来正式握笔书写做好准备。但此时幼儿并没有书写的概念，他们喜欢拿着笔，喜欢探索笔能画出点和线条的神奇，这个过程让幼儿对笔这一工具有了一个初步的认识。此阶段家长不要制止幼儿，也不要评价幼儿"画得不像、画得不好看"，以免打击幼儿探索书写的积极性。幼儿3—4岁时可以绘出一些简单的图形或符号，此时家长不要急切地教幼儿写字，可以让幼儿任意发挥，鼓励幼儿探索不同书写工具的使用效果，鼓励幼儿大胆通过涂涂画画表达自己的意思。幼儿4—6岁时迎来了他们的书写敏感期。这一阶段，幼儿的书写能力逐渐形成，可以画出一些复杂的图形，腕部肌肉也更加发达，但手指精细动作和控制能力尚未完全发展，此阶段幼儿更多的是对文字进行模仿式的"画字"。家长不要急于追求写字的数量和规范，如果总强迫幼儿规规矩矩地在田字格上书写，幼儿手部肌肉容易紧张和疲劳，会很快对书写产生厌烦心理，同时也不利于正确的握笔姿势、书写姿势的培养。我们应利用此书写敏感期，创设机会，鼓励幼儿用图画和符号表达自己的愿望和想法，用图文并茂的形式表现事务或故事，大胆进行书写表达。

（二）多途径创设条件，支持幼儿书写

我们通过各种途径创设条件，激发幼儿书面表达的兴趣，培养幼儿初步书写技能。

1. 不同形式的记录积累书写经验

记录是幼儿书面语言的雏形，在幼儿语言发展方面具有特殊的作用。幼儿在用照片、图画、符号等做记录的同时，体验着学习书面语言的过程。老师可以根据幼儿的年龄特点和活动内容，让幼儿进行不同形式的记录。记录的形式有调查记录表、观察记录表、实验记录表、打卡记录本、游戏记录本、调查问卷、设计图、宣传单等。通过一次次的记录，幼儿逐步体验并学会记什么和怎样记。完成记录后，幼儿还可以将记录的内容向家长、老师和同伴讲述、分享。例如：大班级发放"家乡的美景"调查问卷，让幼儿与家长游览家乡美景后用图画和简单的文字记录；幼儿在玩建构游戏《中山公园九曲桥》之前，先设计建构图纸；"小记者"在外出采访之前制作宣传单，以便于在采访时进行宣讲。

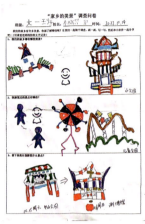

幼儿向同伴讲述自己完成的"风筝"调查表　　幼儿在家长的指导下完成
"家乡的美景"调查问卷

建构游戏《中山公园九曲桥》的设计　　"小记者"制作的宣传单
图纸

2. 采用多种方式学习书写自己的姓名

　　幼儿从进入幼儿园开始集体生活起，就需要逐渐学会辨认自己的姓名。姓名是每个幼儿最熟悉的文字，培养幼儿的书写兴趣，可以从采用多种方式书写自己的姓名开始。《3—6岁儿童学习与发展指南》关于5—6岁幼儿的语言发展目标为"会正确书写自己的名字，写画时姿势正确"。因此，对于即将进入小学的大班幼儿来说，学习书写自己的名字并掌握正确的姿势是必不可少的。一开始孩子书写自己的姓名时，多以"画字"的方式模仿拼凑完成每个字，家长不必操之过急，可以先写给孩子看，一笔一画地写，书写要工整，让幼儿了解由上至下、由左至右的运笔规则；然后用铅笔轻轻地写出姓名中的一个字，让孩子用彩色笔去描笔顺，尽量按照笔顺、运笔规则描写。刚开始，描红姓名可以大一些，等孩子逐步熟悉了，描红姓名可以逐渐变小。重复的姓名书写练习会让幼儿感觉单调枯燥，为了增加书写的趣味性，幼儿书写完姓名后，还可以为名字穿上漂亮的"衣服"，运用图案装饰名字周围和名字本身字体，让整体名字作品更加美观，成为独一无二的签名。除了用笔书写之外，还可以让幼儿用小树枝、小石头、瓶盖等材料创意拼摆自己的姓名，成为别具一格的姓名创意画。

幼儿独一无二的签名

3. 感受书信传递中的情感体验

在信息技术快速发展的今天，打字已成为成人书面沟通的主要形式，手写的书信甚是稀少，也常被忽略。书信，是一种传统的沟通方式，传递着信息，也承载着情感。它不像电波那样转瞬即逝，也不像印刷体那样冰冷而缺乏感情，它留给人一种持久的、真实可触的感觉，还可以长久保存，反复阅读，带给人快乐和美好的回忆。在初步接触书写的幼儿时期，手写的书信能让幼儿充分体验书写表达的重要作用和意义，激发幼儿书写的积极性。我们可以利用三八节、教师节、重阳节、六一节等节日的契机，让幼儿用图文结合的方式书写书信、贺卡、明信片等，向老师、父母、长辈、同伴等送上祝福，传情达意。在这些活动中，幼儿积累起纸笔互动的经验，学习用图画、符号和文字表达祝福，感受寄信或收信时的那份期待和兴奋，体验书信传递过程中的情感温度。

4. 投放有趣的控笔练习材料

书写练习，不是让幼儿空洞乏味地练习笔画、笔顺。区域活动中，教师可以投放有趣的控笔练习材料，让幼儿有意识地进行线条书写练习，如虚线图画描实游戏、点与点连线游戏等，逐步渗透一些书写规则，让幼儿在有趣的描描写写游戏中，既丰富了相关的书写知识，又进一步提高了注意力及手眼协调能力。

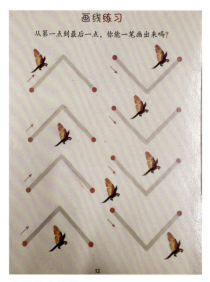

控笔练习材料

后记

　　当《从"幼"生活到"小"时代的自然过渡：汕头市龙湖区幼小衔接教育成果集》这本书的编写缓缓落下帷幕时，我们心中涌动的是满满的感慨与深深的思考。这本书的完成，不仅是对龙湖区幼小衔接教育成果的一次全面梳理，更是对我们教育实践的一次深刻反思。在这本书中，我们记录了孩子们成长的足迹，教师们的努力与创新，以及家长与社会的参与和支持，这些都是我们最宝贵的财富。

　　三年来，项目组与各试点园（汕头经济特区中心幼儿园、汕头经济特区幼儿园、汕头市龙湖区丹霞幼儿园、汕头市龙湖区童心同梦幼儿园、汕头市龙湖区长江幼儿园、汕头市龙湖区正雅幼儿园）、试点校（汕头市龙湖区金阳小学、汕头市龙湖区丹霞小学、汕头市龙湖区金珠小学、汕头市华侨试验区金湾学校小学部、汕头市龙湖区香阳学校小学部、汕头市龙湖区龙湖小学）试点先行，进行了深入的研究，积累了丰富的经验，形成了一系列行之有效的幼小衔接策略。这一成果的凝练，是项目组成员无数个日夜辛勤耕耘的结果。本书即将付梓，在此，要向所有参与项目的教师、教研员、教育工作者以及家长和孩子们，表达最深切的感谢。

　　鉴于时间较为仓促，本书可能存在疏漏之处，诚挚欢迎各位专家、同仁及读者批评指正。本书能否切实帮助广大的幼儿园与小学教师、家长朋友们等，消除他们对幼小衔接教育的困惑，启发他们更好地面对具体困难与实际挑战，尚需读者们的意见与反馈。同时，受限于篇幅，部分试点园和试点校的成果与案例未能收录，恳请谅解。

　　星聚生辉，水起成澜。教育是一项长期而系统的工程，它关乎民族的未来，关乎社会的进步。站在新时代的起点，我们深感肩上的责任重大。近年来，龙湖区坚持以高质量党建引领教育高质量发展，以集团化办学为抓手，进一步扩大优质学前教育资源的覆盖面，同时以集团化发展牵引优化资源布局，推进集团化办学与城乡学前教育共同体建设的结合，构建"1+1+N"城乡学前教育共同体发展模式，提优托底提升全区学前教育质量。在当前深化教育综合改革的大潮中，我们将继续坚持儿童为本的理念，不断探索和实践，以更加开放的心态、更加创新的思维、更加务实的行动，促进幼小衔接教育高质量发展，进而全面推动龙湖区学前教育普及普惠安全优质发展。

李岱玲

2024年3月